dtv

dtv
—————
portrait

Herausgegeben von Martin Sulzer-Reichel

Eva-Maria Kaufmann, geboren 1961 in Düsseldorf, studierte Kunstgeschichte, Philosophie, Theaterwissenschaften und Italo-Romanistik in Erlangen und Berlin. Zur Zeit arbeitet sie an einer interdisziplinären Dissertation über das Thema ›Jakobs Traum und der Aufstieg des Menschen zu Gott – Zur Ikonographie der Himmelsleiter bis zum Ende des 13. Jahrhunderts‹ und ist zeitweilig in der Jugend- und Erwachsenenbildung tätig.

Sokrates

von Eva-Maria Kaufmann

Deutscher Taschenbuch Verlag

Weitere in der Reihe dtv portrait erschienene Titel
am Ende des Bandes

Freunden ist alles gemeinsam (Platon, ›Lysis‹ 207c).
Für Ulrich Kühn

Originalausgabe
März 2000
© Deutscher Taschenbuch Verlag GmbH & Co. KG, München
Umschlagkonzept: Balk & Brumshagen
Umschlagbild: Sokratesbüste, Typus B
(© AKG, Berlin)
Layout: Matias Möller, Agents – Producers – Editors, Overath
Satz: Matias Möller, Agents – Producers – Editors, Overath
Druck und Bindung: APPL, Wemding
Gedruckt auf säurefreiem, chlorfrei gebleichtem Papier
Printed in Germany   ISBN 3–423–31027–8

Inhalt

1 Auch in der bildenden Kunst spiegeln sich die unterschiedlichen Auffassungen von Sokrates. Das älteste Bildnis hebt vor allem die satyr- oder silenhaften Züge hervor. In der griechischen Mythologie waren Satyre oder Silene halb menschliche, halb tierische Begleiter des Weingottes Dionysos. In dieser Portraitierung wird Sokrates' Charakterisierung durch die Zeitgenossen, das Provozierende und zugleich Faszinierende der sokratischen »Weisheit« eingefangen.

Einleitung

Mit dem Philosophen Sokrates verbinden die meisten Menschen den bekannten Ausspruch »Ich weiß, daß ich nichts weiß« und die Hinrichtung durch den Schierlingsbecher. Wie indessen sein Leben aussah und in welcher Hinsicht und auf welche Weise er auf seine Mitmenschen Einfluß ausübte, ist den wenigsten gegenwärtig. Wer also war der Mann, an dem immer wieder die Übereinstimmung zwischen philosophischem Denken und eigener Lebenspraxis gerühmt wird? Was wollte er, der nichts geschrieben hat und von dem keine systematische Lehre überliefert ist? Wer sich ein Bild von Sokrates machen will, ist auf die Zeugnisse seiner Zeitgenossen angewiesen. Doch hier beginnen bereits die Schwierigkeiten, denn die wichtigsten Schriften, in denen das Wirken des Mannes geschildert wird, stammen von höchst unterschiedlichen Autoren: dem Komödiendichter Aristophanes, dem Geschichtsschreiber Xenophon sowie den Philosophen Platon und Aristoteles.

Angesichts dieser Überlieferungssituation ist es nicht erstaunlich, daß auch die Sokratesforschung je nach Gewichtung der vorliegenden Quellen ganz unterschiedliche Bilder von diesem berühm-

Gewöhnlich stellt man sich Sokrates vor als einen häßlichen kleinen Plebejer, der einen gutaussehenden jungen Adligen inspirierte, so daß dieser lange Dialoge zu gewichtigen Themen schrieb. *Richard Rorty (*1931), ›Kontingenz, Ironie und Solidarität‹*

2 In dieser jüngeren Büste des Sokrates wird die Ähnlichkeit mit einem Satyr, an den nur noch die Nase erinnert, gemildert und das Portrait dem landläufigen Bild des Philosophen, des älteren, weisen Mannes, angeglichen.

ten Mann gezeichnet hat. Die Spannweite umfaßt den frommen Bürger, den Aufklärer, den Moralisten, den Rationalisten, den Vorläufer und Begründer der wissenschaftlichen Philosophie, den Zerstörer des ursprünglichen griechischen Lebensgefühls und den fortwährend Suchenden, aber niemals Findenden. Vom höchstem Lob bis zu schärfster Kritik reichen die Urteile. Sokrates, der wegen seiner philosophischen Tätigkeit von einem athenischen Volksgericht zum Tode verurteilt wurde, polarisiert bis heute – erregt Zustimmung, aber auch Anstoß und Unverständnis.

Zweierlei macht ihn auch für die heutige Zeit besonders interessant. Zum einen ist Philosophiegeschichte im Unterschied beispielsweise zur Entwicklung der Technik keine Fortschrittsgeschichte im strengen Sinn. Die ursprünglichen Fragen, die am Anfang, also in der klassischen griechischen Philosophie, gestellt wurden – die Fragen nach der letzten Ursache, dem Verhältnis von Materie und Geist und dem Verhältnis von Objektivität und menschlichem Bewußtsein –, sind bis heute grundlegend und keineswegs einvernehmlich gelöst. Ja, man kann sogar sagen, daß die heutige Philosophie ohne die Kenntnis ihres griechischen Anfangs unverstehbar bleiben muß. Sokrates setzt sich bereits mit all diesen grundsätzlichen Fragen auseinander, so daß in seinem Denken wie in einem Brennglas die zentralen Probleme der Philosophie erscheinen.

Zum anderen bezieht sich die sokratische Philosophie direkt auf unsere Lebenswirklichkeit, so daß sie uns auch ohne ein Vorwissen unmittelbar berührt. Sie stellt die Frage nach dem Selbstverständnis des Menschen, nach Ziel und Ausrichtung seines Lebens und des Miteinanderlebens überhaupt, sei es im privaten oder im gesellschaftlichen und politischen Bereich.

Um uns dem Phänomen Sokrates anzunähern, soll zunächst die Welt geschildert werden, in der er gelebt hat. Das klassi-

Jeder bewahrt nach dem Studium der Überlieferung ein Bild des Sokrates. In allem Schwebenden der Möglichkeiten, trotz Wissens der Ungewißheit setzt sich ein Bild des Sokrates fest, das wir für wirklich halten und nicht für fingierende Dichtung ... Es ist gar nicht möglich, sich kein Bild vom historischen Sokrates zu machen. Mehr als das: Sokrates vor Augen zu haben, ist eine der unerläßlichen Voraussetzungen unseres Philosophierens. Vielleicht darf man sagen: Kein Philosophieren heute ohne Sokrates, und sei er nur als blasser Schimmer aus ferner Vergangen-

sche Athen des 5. Jahrhunderts ist eine Zeit der Blüte, aber auch des Niedergangs und der inneren Widersprüche. Sokrates lebt inmitten dieser Gesellschaft; hier führt er seine philosophischen Gespräche, sowohl mit den Mächtigen und Berühmten als auch mit »einfachen« Leuten. Seine Philosophie vollzieht sich im Dialog, in der Auseinandersetzung mit den gängigen Meinungen und Ansichten. Über sein mit dieser äußeren Tätigkeit verbundenes philosophisches Selbstverständnis berichtet die platonische ›Apologie‹, die Verteidigungsrede vor Gericht, die Sokrates vor den Geschworenen und Mitbürgern hält, um das bevorstehende Todesurteil vielleicht doch noch abzuwenden. Sie soll hier als Ausgangspunkt für eine Annäherung an das sokratische Philosophieren dienen, da sie auf die Anfänge seines Fragens und seine Auseinandersetzung mit der damaligen Philosophie – der Naturphilosophie, Eleatik und Sophistik – zurückverweist. Nur vor diesem Hintergrund wird das spezifisch sokratische Gespräch, seine Frage nach Erkenntnis und Tugend, verständlich. Mit der Weigerung, aus dem Gefängnis zu fliehen, und dem freiwillig angenommenen Tod endet die Darstellung des äußeren Lebens, an die die Frage anschließt, wie Sokrates in der antiken Philosophiegeschichte fortwirkte.

3 Ein dritter Typus des Sokratesportraits aus hellenistischer Zeit entspricht mehr dem Idealbild des stoischen Philosophen. Die gerunzelte Stirn betont die Anstrengung des Denkens und verweist möglicherweise auf das Todesschicksal.

Der historische Hintergrund

Das 5. Jahrhundert v. Chr., in dem Sokrates lebte, ist eine der faszinierendsten und einflußreichsten Epochen der Weltgeschichte. Noch heute beeindrucken die militärischen Leistungen der Perserkriege, die großen Kunstschöpfungen dieser Zeit und die ebenso bahnbrechenden wie grundlegenden Leistungen in Wissenschaft und Philosophie. Der Aufstieg Athens, der Heimatstadt des Sokrates, zu höchster geistiger Blüte und politischer Geltung, aber auch ihr Niedergang in innenpolitischen Auseinandersetzungen und im selbstzerstörerischen Kampf mit den Spartanern vollziehen sich in diesem Jahrhundert.

Der literarisch greifbare Beginn der griechischen Geschichte liegt im 8. Jahrhundert v. Chr., in dem die ›Ilias‹ und die ›Odyssee‹ des Homer (um 750) sowie die ›Theogonie‹ und die ›Werke und Tage‹ des Hesiod (um 700) entstehen. Nach Aussage des antiken Geschichtsschreibers Herodot haben diese Dichter den Griechen ihre Götter gegeben (II, 53). An die Stelle der ursprünglichen Verehrung von Naturkräften tritt der Glaube an einen differenzierten und hierarchisch geordneten Götterhimmel, den der olympische Zeus als oberster Herrscher regiert. Politisch ist Griechenland in eine Vielzahl eigenständiger Stadtstaaten, sogenannte *poleis*, zersplittert, die untereinander häufig in Kriege verwikkelt sind. Neben der gemeinsamen Sprache und Religion tragen vor allem sportliche Veranstaltungen wie die Olympischen und Isthmischen Spiele zu einem gesamtgriechischen Bewußtsein bei.

In Athen droht Anfang des 6. Jahrhunderts wegen der starken Verschuldung der Bauern – aufgrund von Mißernten bei

---

Die griechischen Götter: Der olympische Zeus herrscht zusammen mit seinen Geschwistern und Kindern über die Welt und die Menschen. Seine Schwester und Gemahlin Hera ist Göttin des Herdes und der Ehe, Demeter die Göttin der mütterlichen Erde, Zeus' Bruder Poseidon regiert über die Meere, Hades über die Unterwelt. Ares ist Gott des Krieges, der hinkende Hephaistos Beschützer des Handwerks. Mit verschiedenen Frauen zeugt Zeus die jungfräuliche Athene, Schutzgöttin des Handwerks und der Wissenschaften, Apollon, Gott der Reinheit und Erkenntnis, Artemis, Göttin der Jagd, und Aphrodite, Göttin der Liebe.

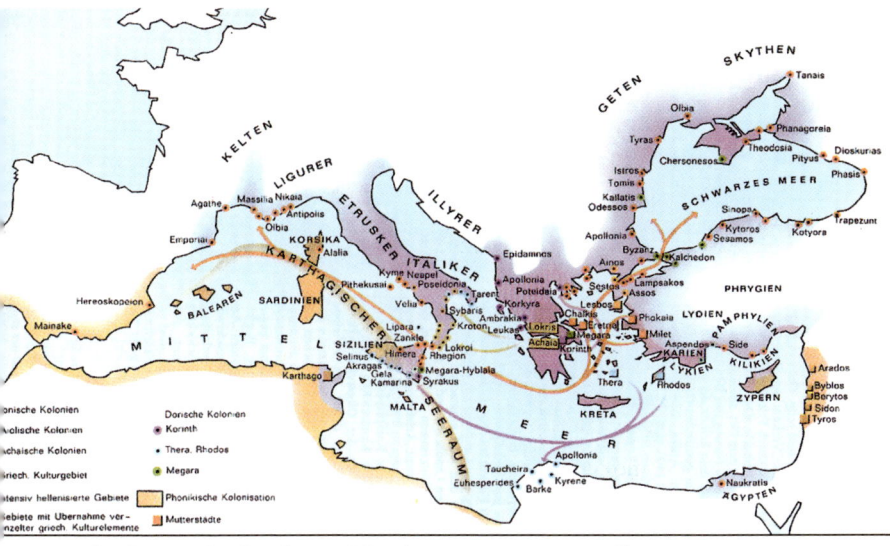

4 Siedlungen der Griechen im Mittelmeerraum, 750–550 v. Chr.

gleichzeitigem Anstieg der Bevölkerung – ein Bürgerkrieg, dem der Adlige Solon, dem 594 unbeschränkte Machtbefugnisse gewährt werden, durch drei Maßnahmen entgegenzuwirken sucht: durch einen Erlaß der Grundschulden, die Aufhebung der Leibeigenschaft und eine Verfassungsreform. Um den inneren Frieden zu gewährleisten, sollen alle männlichen Bürger an der Regierung teilhaben können. Damit wird der Grundstein für eine demokratische Verfassung gelegt. Solon teilt das Volk nach dem jährlichen Einkommen in vier Klassen, deren Angehörigen im Alter von über 20 Jahren die Teilnahme an der Volksversammlung und im Alter von über 30 Jahren die Teilnahme am Geschworenengericht freisteht. Aus

Kultur im 5. Jahrhundert v. Chr.:
Tragödiendichter: Aischylos
(525–456), ›Orestie‹;
Sophokles (497–406), ›Antigone‹,
›König Ödipus‹;
Euripides (480–406), ›Medea‹,
›Elektra‹
Komödiendichter: Aristophanes
(445–385), ›Die Wolken‹

Geschichtsschreiber: Herodot
(484–425); Thukydides (460–354);
Xenophon (430–354)
Sophisten (Weisheitslehrer):
Protagoras; Gorgias; Prodikos;
Hippias
Bildende Künstler: Iktinos, Kallikrates (Architekten); Polyklet, Phidias
(Bildhauer); Polygnot (Maler)

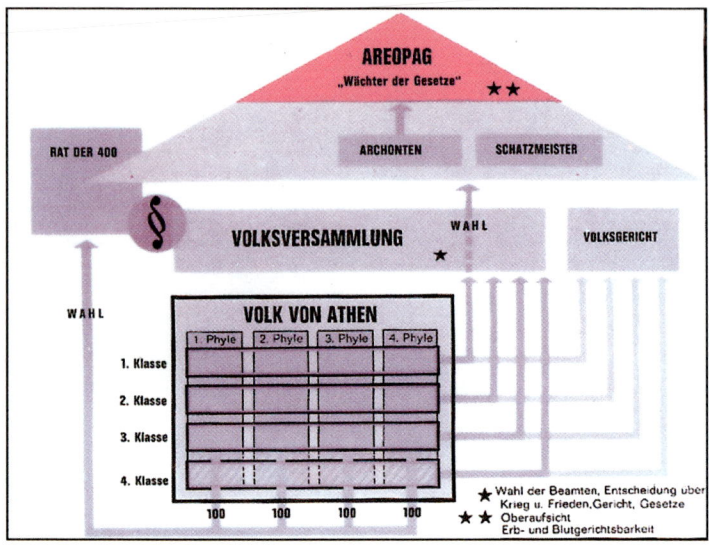

5 Die Verfassung Solons

den Stämmen oder Phylen, ebenfalls vier an der Zahl, werden
je 100 Angehörige der drei oberen Klassen in den »Rat der 400«
gewählt, der die Tagesordnung der Volksversammlung fest-
legt und deren Beschlüsse vorbereitet. Aus der obersten Klasse,
die sich aus Großgrundbesitzern und Großkaufleuten zusam-
mensetzt, werden neun Archonten gewählt, die die Regie-
rungsgeschäfte führen. Diesem Gremium übergeordnet ist der
aus ehemaligen Archonten gebildete Areopag; er fungiert als
oberste Aufsichtsbehörde und oberster Gerichtshof.

Nach dem kurzen Zwischenspiel einer Alleinherrschaft durch
den Adligen Peisistratos und seine beiden Söhne Hippias und
Hipparchos wird die Demokratie in Athen erneuert und die

Da Solon beobachtet hatte, wie manche Bürger der Politik gegenüber teil-
nahmslos blieben, machte er gegen sie ein besonderes Gesetz: Wer im
Streit der Parteien sich für keine Partei entschied, sollte seine politischen
Rechte verlieren.

Aristoteles, ›Staat der Athener‹

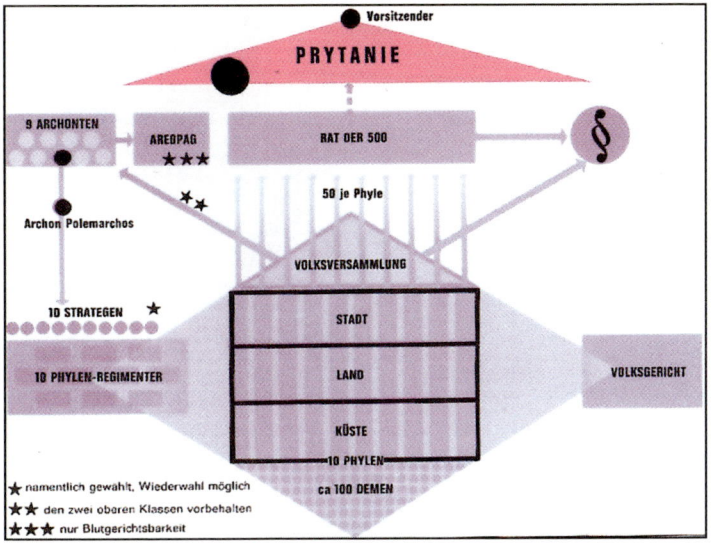

6   Die Verfassung des Kleisthenes

alte Verfassung durch Kleisthenes reformiert. Dieser teilt die
Bürgerschaft in zehn neue Phylen ein, wodurch die alten Stam-
mesbindungen aufgehoben werden und das Prinzip der Gleich-
heit, die sogenannte Isonomie, weiter vorangetrieben wird.
Um die Gefahr einer Alleinherrschaft zu verringern, führt man
darüber hinaus den Ostrakismos (Scherbengericht) ein, eine
Abstimmung in der Volksversammlung, die über eine zehnjährige Verbannung zu einflußreich erscheinender Bürger ent-
scheidet, ohne daß dadurch das Vermögen oder die bürgerli-
chen Ehrenrechte der Betroffenen berührt werden.

Etwa 100 Jahre vor dem Tod des Sokrates beginnt mit den
Perserkriegen der Aufstieg Athens zur »Weltmacht«. Im Jahr

7   Die Volksver-
sammlung stimmte
mittels Scherben
(óstraka) über eine
zehnjährige Verban-
nung von Politikern
ab, die ihrer Meinung
nach die Ordnung der
polis gefährdeten.

8 Dieses Relief zeigt eine Audienz bei Dareios I. Hinter ihm stehen der Kronprinz Xerxes und drei Beamte des Hofes. Kurz vor 485 v. Chr.

500 erheben sich die unter persischer Herrschaft stehenden griechischen Kolonien an der kleinasiatischen Küste und werden dabei von Athen und der Stadt Eretria auf Euböa unterstützt. Der Aufstand wird niedergeschlagen. Er endet 494 mit der Zerstörung der kleinasiatischen Stadt Milet, der im 6. Jahrhundert bedeutendsten und reichsten Handelsmetropole, die auch der Ursprungsort der griechischen Philosophie ist: die Naturphilosophen Thales, Anaximander und Anaximenes haben dort gelebt. Im Jahr 492 fordert Persien alle Städte in Griechenland auf, sich zu unterwerfen. Als Sparta und Athen dies verweigern, schickt der persische Großkönig Dareios I. (521–486), dessen Reich sich zu dieser Zeit auf dem Höhepunkt seiner Macht befindet und vom Indus bis nach Makedonien und Ägypten reicht, eine Strafexpedition gegen Griechenland, die 490 mit dem spektakulären Sieg eines athenischen Landheers

Man erzählt, daß ein hellespontischer Mann zu Xerxes, als dieser gerade den Hellespont überschritten hatte, sagte: »Ach Zeus! warum erscheinst du in Gestalt eines Persers und läßt dich Xerxes nennen statt Zeus und führest alles Menschenvolk heran, bloß um Hellas zu zerstören! Das könntest du auch ohne dies vollbringen.«

Herodot, ›Neun Bücher der Geschichte‹ VII, 56

bei Marathon ihr Ende findet. Nach diesem unerwarteten Erfolg veranlaßt der athenische Politiker Themistokles den Bau einer Flotte und legt dadurch den Grundstein für die künftige Vorherrschaft der Stadt zur See.

Dareios und sein Nachfolger Xerxes (486–465) stellen während dieser Zeit eine zweite Armee in einer Stärke von über 100 000 Mann auf – das gewaltigste Heer, das die Welt bis dahin gesehen hatte –, um Griechenland militärisch zu unterwerfen. Im Jahr 480 überschreiten die persischen Truppen den Hellespont, durchziehen Makedonien und Thessalien und stoßen am Thermopylenpaß auf den Gegner. Der Paß wird von einer Abteilung unter Führung des Spartaners Leonidas verteidigt, der sich schließlich zusammen mit 300 seiner Männer opfert, um den Truppen der Verbündeten den Rückzug zu ermöglichen. Mit der Überwindung des Passes steht den Persern der Weg nach Griechenland offen. Böotien und Attika werden verwüstet, Athen wird geplündert und zerstört; die Bewohner haben sich auf Themistokles' Rat hin auf nahe Inseln geflüchtet. In der berühmten Seeschlacht bei Salamis (September 480) gelingt es den Athenern und ihren Verbündeten in einem zwölfstündigen Kampf, die zahlenmäßig weit überlegene persische Flotte zu schlagen. Ein Jahr darauf glückt den Griechen unter spartanischer Führung auch ein Landsieg über die Perser (bei Plataä) und damit die endgültige Abwehr der persischen Gefahr.

Die folgende Zeit nutzt Athen, um nun seinerseits den Krieg auf persisches Gebiet zu tragen und sogar – allerdings erfolg-

9 Sterbender griechischer Krieger; vom jüngeren Ostgiebel des sogenannten Aphaia-Tempels auf Ägina, nach 490 v. Chr.

los – bis nach Ägypten vorzudringen. Um der ständigen Bedrohung durch die Perser zu begegnen, gründet man 477 den delisch-attischen Seebund, dessen Mitglieder sich unter der Führung Athens zur Bereitstellung von Schiffen und Truppen oder zur Zahlung von Geldbeiträgen verpflichten. Zugleich sichert man die Stadt durch den Bau der sogenannten »Langen Mauern«, die mit einer Gesamtlänge von 26 Kilometern das Stadtgebiet und die Hafenorte Piräus und Phaleron einschließen (siehe Karte S. 105). In dieser Festungsanlage kann im Gefahrenfall die gesamte Bevölkerung Attikas Schutz finden. Durch die Verlagerung der Kasse des Seebundes von der Insel Delos nach Athen im Jahr 454 steigen Einfluß und Macht der Stadt noch einmal beträchtlich. Beim Abschluß des Friedens mit Persien (449) hat sich der Seebund zu einem attischen Reich, die ursprüngliche Verteidigung gegen einen übermächtigen Gegner zu einer aktiven Expansion gewandelt.

Damit gerät Athen aber zugleich in Konflikt mit der bis dahin führenden griechischen Macht, den zu Lande als unbesiegbar geltenden Spartanern, die ebenfalls einer Allianz, dem sogenannten Peleponnesischen Bund, vorstehen. Dieser ist weniger strukturiert als der von den Athenern mit harter Hand geführte Seebund und beläßt den Verbündeten eine weitgehend eigenständige Außenpolitik. Seit 462 kommt es zwischen Sparta und Athen zu offenen militärischen Auseinandersetzungen, die 446 durch einen auf 30 Jahre angelegten Frieden beendet werden. Darin verzichtet Athen auf alle Erwerbungen auf dem griechischen Festland, behält aber die Führung zur See und baut sie in den folgenden Jahren weiter aus.

Innenpolitisch kommt es auf Antrag des Perikles und des 461 ermordeten Ephialtes zu einer Radikalisierung der demokratischen Prinzipien. Dem Areopag wird weitgehend die Kon-

Verfluchter Dämon, der die Perser trog!
O bittrer Rachefeldzug meines Sohns
Zu Pallas' hoher Stadt! Noch nicht genug
Der Perser fielen dort vor Marathon!
Sie wollte Xerxes rächen – und er zog
Aufs eigne Haupt des Jammers Übermaß.

Aischylos, ›Die Perser‹ 472 ff.

trolle der Exekutive entzogen und auch die dritte Klasse zum Archontat zugelassen, nachdem man dieses Recht 487 bereits der zweiten Klasse zugestanden hatte. Alle Ämter – bis auf die der militärischen Oberbefehlshaber (*Strategen*) und der Schatzmeister – werden ausgelost, um auch auf diese Weise das Gleichheitsprinzip zum Ausdruck zu bringen. Darüber hinaus setzt man die Einführung von Diäten durch. Sie stehen den Inhabern politischer Ämter sowie den Teilnehmern an der Volksversammlung (*Ek-*

10 Perikles (um 500–429 v. Chr.)

klesia) und den Gerichtsverhandlungen zu, aber beispielsweise auch den Besuchern von Theateraufführungen. So ermöglicht man den weniger Begüterten die Teilnahme am politischen und gesellschaftlichen Leben. Trotzdem bleibt Athen eine Klassengesellschaft: Frauen, Ausländern (*Metöken*) und Sklaven wird das athenische Bürgerrecht nicht gewährt.

Die Epoche von 446 bis 431 bezeichnet man als das Zeitalter des Perikles, der in diesem Zeitraum jährlich als Stratege wiedergewählt wird. Es »bildete sich unter ihm ein Zustand heraus, der nur dem Namen nach eine Demokratie, in Wirklichkeit die Herrschaft des ersten Mannes war«, urteilt der zeitgenössische Geschichtsschreiber Thukydides (III, 65). Perikles versucht, die Vorherrschaft Athens sowohl außenpolitisch auszubauen als auch im Innern zu festigen und die Stadt zu

Urteil eines Persers über die Demokratie:
Es ist nicht gut, dem Volk die Herrschaft zu übertragen, denn es gibt nichts Unverständigeres und Mutwilligeres als den blinden Haufen. Oder will man die Willkür eines Tyrannen mit der Willkür des Volkes vertauschen? Ein Gewaltherrscher handelt wenigstens noch aus Einsicht. Wo aber will das Volk Einsicht und Vernunft hernehmen? Es weiß doch nichts und hat nichts gelernt. Es würde nur gedankenlos über die Staatsgeschäfte herfallen.   *Herodot, ›Historien‹ III, 81*

Perikles über Athen und die Athener:

Wir leben in einer Staatsverfassung, die nicht den Gesetzen der Nachbarn nachstrebt, sondern wir sind eher das Vorbild für andere als deren Nachahmer. Ihr Name ist Demokratie, weil sie nicht auf einer Minderzahl, sondern auf der Mehrzahl der Bürger beruht. Vor dem Gesetz sind bei persönlichen Rechtsstreitigkeiten alle Bürger gleich, das Ansehen jedoch, das einer in irgend etwas besonders genießt, richtet sich im Blick auf das Gemeinwesen weniger nach seiner Zugehörigkeit zu einer bestimmten Volksklasse, sondern nach seinen persönlichen Leistungen wird er bevorzugt. Auch dem Armen ist, wenn er für den Staat etwas zu leisten vermag, der Weg nicht durch die Unscheinbarkeit seines Standes versperrt.

Und wie in unserem Staatsleben die Freiheit herrscht, so halten wir uns auch in unserem Privatleben fern davon, das tägliche Tun und Treiben unserer Nachbarn mit Argwohn zu verfolgen. Wir verargen es niemandem, wenn er tut, was ihm gefällt, und setzen auch nicht jene kränkende Miene auf, die ihm zwar nichts zuleide tut, aber doch höchst widerwärtig ist.

Aber bei dieser Weitherzigkeit im persönlichen Verkehr verbietet uns die Ehrfurcht vor dem Gesetz, die Gesetze zu übertreten. Wir gehorchen den jeweiligen Behörden und den Gesetzen, und zwar am treuesten denjenigen, die zum Schutz der ungerecht Behandelten gegeben sind, und jenen ungeschriebenen Gesetzen, deren Übertretung die Verachtung aller nach sich zieht. Und auch zur Erholung des Geistes von der Arbeit haben wir die besten Vorkehrungen getroffen. Wir feiern nämlich Kampfspiele und Opferfeste, die über das ganze Jahr hin verteilt sind, wir richten unsere Wohnungen stattlich und schön her und haben unsere tägliche Freude daran, durch die Gram und Mißstimmung verscheucht werden.

Und weil unsere Stadt groß ist, kommen die Erzeugnisse der ganzen Welt zu uns, und wir genießen die Erzeugnisse unserer Heimat genauso bei uns zu Hause wie die Güter der anderen Völker. Auch in den Kriegsvorbereitungen unterscheiden wir uns von unseren Gegnern. Denn unsere Stadt ist jedermann offen, und es gibt keine Fremdenausweisungen, durch die wir jemanden hindern, sich zu unterrichten und zu schauen, mag auch ein Feind Nutzen aus dem Verzicht auf die Verheimlichung ziehen. Wir bauen nicht in erster Linie auf Rüstungen und listige Künste, sondern auf unseren persönlichen Mut zur Tat. Und auch in der Erziehung wollen die einen durch harte, mühevolle Übungen schon bei den Kindern männliche Gesinnung pflanzen; wir dagegen leben ungebunden und gehen trotzdem mit gleicher Tapferkeit einem ebenbürtigen Feinde entgegen ...

Wir lieben die Schönheit und bleiben doch einfach; wir lieben die Weisheit und werden doch nicht schlaff und weichlich. Unser Reichtum dient der raschen Tat, nicht der prahlenden Rede, und was die Armut betrifft, so bringt es niemand Schande, seine Armut zu bekennen, wohl aber, sich ihr nicht durch Arbeit zu entwinden ...

Um es kurz zu sagen: unsere Stadt in ihrer Gesamtheit ist eine Bildungs- und Erziehungsstätte für Hellas; und es scheint mir, daß jeder einzelne Mann bei uns sich wohl in den mannigfaltigsten Formen und mit Anmut in höchster Gewandtheit zu einer unabhängigen Persönlichkeit ausbildet.

Thukydides, ›Der Peloponnesische Krieg‹ II, 37–41

kultureller und wirtschaftlicher Blüte zu führen. Es entwickeln sich weitreichende Handelsbeziehungen bis nach Unteritalien, Nordafrika und zum Schwarzen Meer. Wohlhabende Bürger finanzieren die Ausrüstung von Kriegsschiffen, aber auch Theateraufführungen und die Einrichtung von Sportstätten.

Um Perikles und seine zweite Frau Aspasia versammelt sich ein Kreis von Künstlern und Intellektuellen: der Geschichtsschreiber Herodot, der Naturphilosoph Anaxagoras, der Architekt und Städteplaner Hippodamos von Milet, der Tragödiendichter Sophokles und der Bildhauer Phidias. Die weltoffene Stadt zieht auch auswärtige Sophisten, sogenannte »Weisheitslehrer«, in großer Zahl an; darunter Gorgias, den Rhetoriklehrer, und Protagoras, der den Menschen zum Maß aller Dinge erklärt. Mit der Etablierung der Sophistik verlagert sich das bis dahin vornehmlich auf die Erforschung der Natur und den Bereich der Mathematik gerichtete Erkenntnisinteresse auf den Menschen. Im Zentrum der Reflexion steht dabei die Sprache als Instrument des Denkens und der Kommunikation, aber auch der politischen Beeinflussung. Bereits im 5. Jahrhundert hat sich ein differenzierter »Wissenschaftskanon« herausgebildet. Fächer wie Mathematik, Physik, Astronomie, Biologie, Geographie, Medizin und Geschichte gehören seit dieser Zeit zum Lehrgebäude der Wissensvermittlung.

Das in den Perserkriegen neu gewonnene Selbstbewußtsein spiegelt sich auch in den künstlerischen Leistungen. Im 5. Jahrhundert leben die drei großen Tragödiendichter Aischylos (525–456), Sophokles (497–406) und Euripides (480–406), in deren Dramen Motive der überlieferten Mythen und Sagen, aktuelle politische Themen und allgemein menschliche Fragestellungen miteinander verschmelzen. In den Stücken des Komödiendichters Aristophanes (ca. 545–480) werden mit bissigem Spott politische und gesellschaftliche Mißstände dargestellt und kritisiert.

Gorgias über die Redekunst:
Die Rede ist eine gewaltige Machthaberin, die mit dem kleinsten und unscheinbarsten Organe die wunderbarsten Wirkungen erzielt; denn sie vermag Furcht zu verscheuchen und Leid zu bannen, Freude zu erregen und Mitleid zu wecken.

DK 82 B 11

11 Phidias, ›Athene‹

Von der Macht und dem Reichtum der Stadt zeugt der 448 begonnene Wiederaufbau der durch die Perser zerstörten Akropolis, des über der Stadt gelegenen Heiligtums der Göttin Athene. Unter den hier entstehenden Bauten bildet vor allem der von den besten Künstlern der Zeit errichtete Parthenon-Tempel einen Höhepunkt in der Geschichte der Architektur. Dies gilt insbesondere hinsichtlich der Verfeinerung der Formen und Maßverhältnisse. Der reiche Bildschmuck verherrlicht nicht nur Athene, die Schutzgöttin der Stadt, sondern zugleich deren auf einem 159 Meter langen Fries dargestellte Bürgerschaft. In seinem Innern beherbergt der Tempel ein mit Gold und Elfenbein ausgestattetes, 12 Meter großes Standbild der Athene des Bildhauers Phidias.

Der seit dem Friedensschluß von 446 schwelende Konflikt zwischen Athen und Sparta kommt 431 erneut zum Ausbruch. In diesem Jahr beginnt der sogenannte Peloponnesi-

Als so die Bauten emporwuchsen in ihrer stolzen Größe, unnachahmlich in dem Reiz ihrer Formen, als die Handwerker wetteiferten, das Handwerk zur Kunst emporzuheben, da war doch das Wunderbarste die Schnelligkeit. Denn keins dieser Werke, glaubte man, würde je durch die Arbeit vieler Geschlechter nacheinander fertig werden: aber sie alle wurden in der glänzenden Zeit dieser einen Regierung vollendet ... Um so größere Bewunderung verdienen deshalb auch die Bauten des Perikles: in kurzer Zeit geschaffen für ewige Zeit. Denn in seiner Schönheit trug schon damals jeder Bau in seinem Glanze den Adel des Alters, trägt er noch heute den Adel der Frische wie am ersten Tag. So blüht seine Jugend ewig; unberührt von der Zeit, wahrt sie die Schönheit, als trügen die Werke den ewigen Hauch einer nie alternden Seele in sich.

Plutarch, ›Griechische Heldenleben. Perikles‹, cap. 13

Sophokles über das neue Selbstbewußtsein der Menschen:
Viel Unheimliches birgt die Welt, / Allerunheimlichstes ist der Mensch!
Kühn durchpflügt in Südwinds Stürmen / Dieses Wesen das schwärzliche
Meer, / Unter den wölbigen Bogen der Wogen / Kommt er sicher ans
Ziel! / Erhabenste Göttin, die Mutter Erde, / Bedrängt er alljährlich mit
wendigem Pflug, / Führt auf und ab seine Rosse. ...
Sprache und Luftgespinst / Der Gedanken und Liebe zum Staate
Fand er sich selbst und das Obdach / Gegen die Fröste des Himmels,
Gegen die Pfeile des Regens, / Allberaten. Ja ratlos blickt er
Nicht in die Zukunft. Nur vor dem Hades / Blieb Rettung verborgen;
Doch zu fliehen beschwerliche Krankheit, / Hat klug er erdacht.
Weiser Erfindung reich, / Ja das Niemalsgeahnte ersinnend
Eilt er zum Bösen, zum Guten; / Ehrt er des Landes Gesetze,
Götterbeschworene Rechte, / Stolz der Stadt; doch die Schmach der Stadt,
wenn / Je er verläßt die Pfade des Guten / Im Geist der Empörung.
Niemals teile mein Haus und mein Denken, / Wer solches beginnt!
Sophokles, ›Antigone‹, 332ff.

sche Krieg, der mit kurzen Unterbrechungen fast 30 Jahre
dauert und mit der vollständigen Niederlage Athens endet.

Die erste Phase von 431 bis 421 bezeichnet man nach dem
Spartanerkönig Archidamos als den Archidamischen Krieg.
Die Teilnahme des zu dieser Zeit über vierzigjährigen Sokra-
tes an mindestens drei Feldzügen dieser Periode ist bezeugt.
Ausgangspunkt ist ein Konflikt zwischen der mit Sparta ver-
bündeten Stadt Korinth und der westgriechischen, von den

12 Die Akropolis mit dem Parthenon, wie sie sich heute darstellt, gesehen
vom Gelände der Agora aus

Korinthern gegründeten Stadt Korkyra, die Athen um Unterstützung bittet. Da die Athener der Versuchung nicht widerstehen, sich durch eine Unterstützung Korkyras den Zugang zum westlichen Mittelmeerraum zu eröffnen, kommt es zum Konflikt mit den dort bislang dominierenden Korinthern, die wiederum das zögernde Sparta und damit den Peloponnesischen Bund zum Krieg gegen Athen bewegen. Beide Seiten zeigen sich in der Folgezeit jedoch außerstande, die jeweils andere Seite zu besiegen, da die Athener auf Anraten des Perikles die Bevölkerung Attikas hinter die »Langen Mauern« evakuieren und durch überseeische Getreideimporte, vor allem aus dem Schwarzmeergebiet, ernähren. Das peloponnesische Heer kann nun zwar in Attika einfallen und die Felder und Dörfer verwüsten, aber nicht die Stadt selbst erobern, zumal die meisten Soldaten zur Erntezeit nach Hause zurückkehren müssen. Umgekehrt finden die Athener keinen Weg, ihre überlegene Flotte zu kriegsentscheidender Wirkung zu führen.

Als 429 in der Festung eine verheerende Seuche ausbricht und ein Drittel der Bevölkerung, darunter auch Perikles, dahinrafft, verschärft dies den athenischen Kriegswillen sogar noch, da neben gemäßigten Politikern wie dem vermögenden Nikias, einer Gestalt des späteren platonischen Dialogs ›Laches‹, nun auch Demagogen an Einfluß gewinnen und die Volksversammlung zu radikalen Entschlüssen hinreißen. Besonders Kleon, ein einflußreicher Lederfabrikant, macht von sich reden. Aristoteles zufolge scheint er »durch seine Hemmungslosigkeiten vor allem das Volk verdorben zu haben …: er als erster schrie auf der Rednertribüne und schimpfte und riß an seinen Kleidern, während die anderen in Ruhe sprachen« (›Staat der Athener‹, cap. 28). 425 gelingt die Einschließung von etwa 150 spartanischen Elitekriegern auf der westgriechischen Insel Sphakteria, was für Sparta einen enormen

Chor: Demos (Volk), wie mächtig
    du doch bist!
Denn gefürchtet von jedermann,
Herrschest als unumschränkter du
Regent und Gebieter.
Aber leicht dich betören läßt
Du von Schmeichlern, die ränke-
    voll

Dich am Narrenseil führen; denn
Schwatzt dir einer was vor, da
    sperrst
Maul und Nase du auf – dein
    Geist
Ergeht sich woanders!
    Aristophanes, ›Die Ritter‹
    1111ff.

Verlust bedeutet. Als es daraufhin einen Frieden zu seinen Ungunsten anbietet, setzt Kleon die Fortführung des Krieges durch. Im folgenden Jahr erleiden die Athener in der Landschlacht bei Delion in Böotien eine Niederlage, 422 unterliegen sie bei Amphipolis in Thrakien, wo sowohl Kleon als auch der spartanische Heerführer Brasidas den Tod finden. Da nun auf beiden Seiten die wichtigsten Kriegstreiber fehlen, wird nach zehn Jahren Krieg 421 zwischen Athen und Sparta Friede geschlossen – der sogenannte Nikiasfriede. Die Machtverhältnisse entsprechen dem Vorkriegsstand.

Doch dieser Friedensschluß, der eher aus Erschöpfung der Kriegsparteien als aus wirklicher Überzeugung erfolgt, bedeutet nur eine zeitweilige Unterbrechung des Krieges. Die Beziehungen zu Sparta verschlechtern sich in der Folgezeit wieder, wozu vor allem Alkibiades (450–404) beiträgt, eine der schillerndsten Figuren dieser Zeit. Der im Hause des Perikles

aufgewachsene hochbegabte und ehrgeizige Nachwuchspolitiker, der in seiner Jugend zeitweilig dem Kreis um Sokrates angehört hat, tritt ab etwa 420 als neuer Gegenspieler des Nikias auf. Auf sein Betreiben hin wird 416 die neutrale ägäische Insel Melos, die sich nicht in den Seebund pressen lassen will, gleichsam von der Landkarte gestrichen; die gesamte männliche Bevölkerung wird getötet, und Frauen und Kinder werden in die Sklaverei ver-

13 Alkibiades (um 450–404 v. Chr.), talentierter, aber machtbesessener athenischer Politiker und Feldherr, zeitweilig Schüler des Sokrates. Er überredete Athen 415 zum Feldzug nach Sizilien, flüchtete wegen der Anklage des Religionsfrevels zuerst nach Sparta, 412 dann zum persischen Statthalter Tissaphernes. Im Jahr 411 wurde Alkibiades wieder an die Spitze des athenischen Heeres gestellt, siegte in mehreren Schlachten über die Spartaner, kehrte 408 im Triumph nach Athen zurück, wurde jedoch schon im folgenden Jahr wegen ausbleibenden Kriegsglücks verbannt und 404 im Exil ermordet.

kauft. 415 überredet Alkibiades die Stadt gegen Nikias' Einspruch zu einem äußerst gewagten Unternehmen. Man rüstet eine gewaltige Flotte aus und schickt sie, unter dem gemeinsamen Kommando von Alkibiades, Nikias und Lamachos, nach Sizilien, um der dortigen Stadt Segesta gegen das mit Sparta befreundete Syrakus beizustehen. Doch nachdem die Flotte schon in Sizilien angelangt ist, wird Alkibiades von seinen politischen Gegnern – wohl zu Unrecht – eines Religionsfrevels beschuldigt. Anstatt dem Befehl zur Rückkehr zu gehorchen, läuft er zu den Spartanern über und berät diese in den folgenden Jahren im Kampf gegen seine Heimatstadt. Die sizilianische Expedition scheitert nach Anfangserfolgen vollständig. 413 werden die athenische Flotte im Hafen von Syrakus und das Landheer am Fluß Asinaros vernichtet. Nikias, der den Rückzug der Truppe aus religiöser Furcht vor einer Mondfinsternis hinausgezögert hatte, wird hingerichtet, und die überlebenden 7000 Athener gehen als Sklaven in den Steinbrüchen von Syrakus zugrunde. Dieser verheerende Verlust, in dessen Folge die meisten Seebundmitglieder von Athen abfallen, nimmt die endgültige Niederlage des Jahres 404 bereits vorweg.

Im Jahr 413 eröffnen die Spartaner offiziell die zweite Phase des Peloponnesischen Krieges, indem sie auf Anraten des Alkibiades die mitten in Attika gelegene Festung Dekeleia besetzen und zugleich mit dem Bau einer großen Flotte beginnen, deren Finanzierung durch Persien ebenfalls Alkibiades vermittelt hat. Durch diese Doppelstrategie gelingt es ihnen, Athen in die Knie zu zwingen: die dauerhafte Besetzung Attikas unterbindet nun vollständig den heimischen Getreideanbau, während die Flotte nach erbitterten Seekriegsgefechten im Bereich der Dardanellen die Athener von ihrer Versorgung mit Schwarzmeergetreide abschneidet. In der innerlich zerris-

---

Über Alkibiades:
Er konnte sich schneller als ein Chamäleon verwandeln und anpassen, doch mit dem Unterschied, daß dieses wenigstens eine Farbe, die weiße, nicht anzunehmen vermag, während es für Alkibiades weder Gutes oder Schlechtes gab, das er nicht hätte nachahmen oder durch Übung sich hätte aneignen können. So trieb er in Sparta gern Leibesübungen, nahm eine

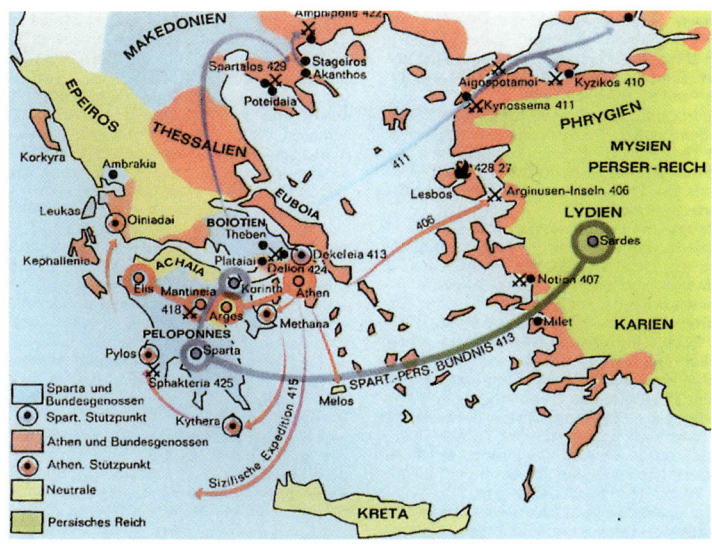

14 Karte zum Peloponnesischen Krieg

senen und geschwächten Stadt kommt es kurzzeitig zu einer
politischen Gegenbewegung gegen die bis dahin vorherrschende demokratische Richtung; doch die 411 errichtete Oligarchie,
in der die herrschende Volksversammlung auf 5000 Bürger
beschränkt worden ist, wird durch die demokratisch gesinnte
Flotte wieder beseitigt. Diese holt auch Alkibiades wieder zurück, der die Athener nun einige Jahre lang erfolgreich gegen
die von ihm ins Leben gerufene Seekriegsstrategie der Spartaner führt, nach der Niederlage bei Notion 407 aber wieder ab-
gesetzt wird.

Den letzten athenischen Sieg bei den kleinasiatischen Argi-
nuseninseln (406) überschattet der sogenannte Arginusenpro-

einfache Lebensweise an und trug eine ernsthafte, ja mürrische Miene zur
Schau. In Ionien gab er sich sorglos und leichtsinnig einem üppigen Leben
voller Vergnügungen hin; in Thrakien ergab er sich dem Trunk und kam
vom Pferde nicht herunter. Im Hause des Satrapen Tissaphernes übertraf
er selbst die Prachtliebe der Perser durch Prunk und Schwelgerei.

Plutarch (um 50–um 125 n. Chr.), ›Griechische Heldenleben‹, cap. 23

15 Urkundenrelief, Vertrag zwischen Athen und Samos (405/404 v. Chr.)

zeß, bei dem die verantwortlichen Feldherrn entgegen geltendem Recht zum Tode verurteilt würden. Laut zeitgenössischem Zeugnis war Sokrates der einzige der an diesem Tag amtierenden Prytanen – der Vorsitzenden der Volksversammlung –, der sich der aufgebrachten Volksmenge widersetzte. Im darauffolgenden Jahr siegen die Spartaner endgültig (Schlacht am kleinasiatischen Fluß Aigospotamoi 405). Athen wird eingeschlossen und muß sich 404 ausgehungert ergeben, aber Sparta verhindert die von den peloponnesischen Bundesgenossen geforderte völlige Zerstörung der Stadt und setzt nur die Schleifung der »Langen Mauern«, die Auslieferung der Flotte sowie die Auflösung des Seebundes und den Eintritt Athens in den Peloponnesischen Bund durch.

In Athen verbreitete sich die Kunde von dem Schicksalsschlag [der Niederlage bei Aigospotamoi] ... und ein Jammergeschrei lief vom Piräus durch die Langen Mauern nach der Stadt, vom einen zum andern; so kam es, daß in jener Nacht keiner Schlaf fand, da alle nicht nur die Ermordeten betrauerten, sondern noch viel mehr sich selbst in der Erwartung, sie würden erleiden müssen, was sie einst den Bürgern von Melos, spartanischen Siedlern, angetan hatten, nachdem sie sie durch Belagerung über-

Außerdem müssen die Athener die Verbannten des Jahres 411 zurückkehren lassen, die mit Hilfe Spartas wiederum eine Oligarchie, die Regierung der sogenannten Dreißig Tyrannen, errichten. Sie üben eine gewalttätige Herrschaft aus – Aristoteles berichtet von 1500 Todesopfern – und beschlagnahmen den Besitz ihrer politischen Gegner. Auch hier tritt Sokrates wieder in den Gesichtskreis der politischen Geschichte, als die Dreißig – unter ihnen auch Kritias, ein Onkel Platons und Gesprächspartner des Sokrates im platonischen Dialog ›Charmides‹ – ihm das öffentliche Auftreten untersagen und ihn zusammen mit anderen auffordern, einen demokratischen Emigranten zur Hinrichtung auszuliefern. 403 erobern die Demokraten Athen zurück, erneuern die alte Verfassung und erlassen, anders als sonst bei derartigen Machtwechseln, eine allgemeine Amnestie, die den Rechtsfrieden wiederherstellt und die demokratische Regierung stabilisiert.

Trotz der Amnestie und vielleicht als ein letzter Ausläufer des vorangegangenen politischen Prozeßwesens wird Sokrates 399 unter anderem durch den demokratischen Politiker Anytos wegen religiöser Vergehen und des Verderbs der Jugend angeklagt und von einem athenischen Geschworenengericht zum Tode verurteilt.

16 Krieger am Grabe,
Ende 5. Jh. v. Chr.

wältigt hatten, was sie aber auch denen von Histaia, Skione, Torone, Ägina und vielen anderen Griechen angetan hatten.
Xenophon, ›Hellenika‹ II, 2, 3f.

Der äußere Lebensweg – die Quellenlage

V or jeder Beschäftigung mit dem historischen Sokrates steht die Frage nach der Bewertung der überlieferten Quellen. Sokrates selbst hat nichts Schriftliches hinterlassen, so daß wir für die Kenntnis seines Lebens und seiner Philosophie vollständig auf die Berichte anderer angewiesen sind. Einzig der Komödiendichter Aristophanes, der Geschichtsschreiber Xenophon und der Philosoph Platon sind Zeitzeugen, d. h., nur sie haben Sokrates noch persönlich erlebt. Von den Schriften der übrigen Schüler und Anhänger wie Eukleides aus Megara, Antisthenes aus Athen und Aischines aus Sphettos ist zu wenig erhalten, als daß hier Entscheidendes zum Bild des Philosophen hinzuträte. Alle sonstigen Autoren aber, die über Sokrates schreiben, geben nur die Berichte anderer, häufig ungenannter Zeugen wieder.

Das gilt auch für Aristoteles (384–322), den bekanntesten Schüler Platons, der sich für Sokrates nur am Rande interessiert und ihn gar nicht für einen vollwertigen Philosophen hält, habe sich Sokrates doch nur mit »ethischen« Gegenständen statt mit der Natur und dem Sein im Ganzen beschäftigt (›Metaphysik I‹,

17 Aristoteles (384–322 v. Chr.)
Aristoteles, der neben Sokrates und Platon bedeutendste antike Philosoph, gilt als Begründer des einzelwissenschaftlichen Denkens. Er war Erzieher Alexanders des Großen und nahm nach 335 in Athen eine Lehrtätigkeit auf, aus der später die sogenannte »Peripatetische Schule«

hervorging. Sein breitgefächertes Werk, das für das Abendland überaus einflußreich wurde, umfaßt Schriften zur Metaphysik, Physik und Biologie, Logik, Ethik und Politik, Rhethorik und Poetik.

987b 1f.). Und dies gilt insbesondere auch für Diogenes Laertius, der um 220 n. Chr., also über sechs Jahrhunderte nach Sokrates, die einzige antike Philosophiegeschichte schrieb, die vollständig erhalten blieb. Obwohl sie eine Fülle häufig nur anekdotischen und mitunter zweifelhaften Materials bietet, bleibt sie mangels einer Alternative eine wichtige Quelle für die griechische Philosophie.

Der Komödiendichter Aristophanes macht den Philosophen zur Hauptfigur seines Stückes ›Die Wolken‹. Hier erweist sich Sokrates als gerissener und geldgieriger Sophist, der rhetorische Kniffe verkauft, mit denen man Unrecht zu Recht machen, also sich vor Gericht und im Leben besser durchsetzen kann, und der doch zugleich spitzfindige und vollkommen weltfremde Naturforschungen betreibt. Dieses in sich schon widersprüchliche Bild vereinigte aber die zwei bekanntesten philosophischen Richtungen der Zeit, nämlich die ionische Naturphilosophie und die Sophistik, in der Person des Sokrates und machte ihn auf diese Weise zur Identifikationsfigur für das Unbehagen, das in der damaligen griechischen Gesellschaft über das verhältnismäßig junge Phänomen der Philosophie verbreitet war.

Ein Gegenbild zu der von Aristophanes gezeichneten »Witzfigur Sokrates« entwirft Xenophon (ca. 430/425–354) in seinen Schriften, wobei vor

18 Xenophon (430/425–354 v. Chr.)

Was kann Sokrates noch gewesen sein neben dem, was Xenophon von ihm meldet, ohne jedoch den Charakterzügen und Lebensmaximen zu widersprechen, welche Xenophon bestimmt als sokratisch aufstellt, und was muß er gewesen sein, um dem Platon Veranlassung und Recht gegeben zu haben, ihn so wie er thut in seinen Gesprächen aufzuführen.

Friedrich Ernst Daniel Schleiermacher (1768–1834),
›Ueber den Werth des Sokrates als Philosophen‹

allem die ›Memorabilia‹ eine ausführliche Darstellung liefern. Xenophon schildert Sokrates als einen aufrechten, bedürfnislosen und frommen Menschen, der seine Freunde in lebenspraktischen Fragen berät, ihnen mitunter auch Anlaß zu Kopfschütteln und Heiterkeit bietet und sich kritisch mit den Sophisten auseinandersetzt. Philosophische Tiefe erreichen die dargestellten Gespräche selten – wohl aufgrund von Xenophons mangelndem eigenen Interesse an derartigen Fragen. Es wird angenommen, daß Xenophon Sokrates nach 410 kennenlernte und in den folgenden Jahren mit ihm Umgang pflegte, ohne jedoch zum engeren Kreis seiner Freunde und Anhänger zu gehören. In den Jahren 402/401 schloß er sich dem Feldzug des jüngeren Kyros gegen den persischen Großkönig Artaxerxes II. an, so daß er für seine Schilderung von Sokrates' letzten Lebensjahren ebenfalls auf die Berichte anderer angewiesen war.

Platon (427–347), der aus einer vornehmen Athener Familie stammte, lernte Sokrates wahrscheinlich im Jahr 408 kennen und verkehrte mit ihm bis zu dessen Tod. Der Legende nach hatte er ursprünglich Tragödiendichter werden wollen, sein Werk aber auf Anraten des Sokrates verbrannt, um sich ganz der Philosophie zu widmen. Er selbst schreibt, daß er ursprünglich geplant habe, in die Politik zu gehen, doch durch die herrschenden Mißstände und speziell das Unrecht, das man Sokrates zugefügt habe, davon abgehalten worden sei (›Siebter Brief‹ 324b–326b). Platons Schriften bestehen neben einigen Briefen, deren Echtheit von der Forschung größtenteils bestritten wird, ausschließlich aus philosophischen Dialogen, in denen fast immer Sokrates die führende Rolle einnimmt. Sich selbst dagegen erwähnt Platon – mit Ausnahme des ›Siebten Briefes‹, in dem er eine Art Abriß seines eigenen Lebens bietet – nur zweimal (›Apologie‹ 38b und ›Phaidon‹ 59b).

Es geht die Erzählung, Sokrates habe geträumt, er halte auf seinem Schoß das Junge von einem Schwan, das alsbald befiedert und flugkräftig geworden, in die Lüfte emporgestiegen sei mit schallenden Jubeltönen; und tags darauf sei ihm Platon vorgeführt worden; da habe er gesagt, dies sei der Vogel.

Diogenes Laertius III, 5

Das Verhältnis zwischen Platon und Sokrates ist in der Philosophiegeschichte einmalig. Während Philosophen in der Regel ihre Vorgänger kritisieren und versuchen, über sie hinauszugelangen, liegt für Platon mit Sokrates bereits die Vollendung des Philosophierens und damit zugleich der Maßstab für seine eigene philosophische Tätigkeit vor. Platon will in seinen Schriften nicht so sehr eine eigene Theorie entwickeln, sondern vielmehr die Erinnerung an einen

19 Platon (427–347 v. Chr.)

außergewöhnlichen Menschen, der selbst nichts geschrieben hat, für die Nachwelt bewahren. Die von ihm dabei gewählte Methode der historischen Darstellung ist allerdings nicht empirisch, sondern gewissermaßen essentiell. Durch eine mit eingestreuten historischen Fakten arbeitende Nachdichtung der sokratischen Gespräche versucht Platon, das Wesentliche der sokratischen Philosophie sichtbar zu machen, das bei einer bloßen Nachzeichnung der tatsächlich geführten Gespräche nicht in gleicher Weise deutlich werden würde. Ähnlich läßt auch der Geschichtsschreiber Thukydides (ca. 460–um 400) in seiner ›Geschichte des Peloponnesischen Krieges‹ durch eine am historischen Geschehen orientierte Nachdichtung der damals gehaltenen politischen Reden die Motive der handelnden Politiker klarer hervortreten (Thukydides I, 22).

Nur in Platons Darstellung erreicht Sokrates jene philosophische Dimension, die ihn sozusagen zur Verkörperung des

Es gehörte viel dazu, ein Sokrates zu sein, vor allem die schöne Gabe, entbehren zu können, und der feine Geschmack an moralischer Schönheit, den er bei sich zu einer Art Instinct erhöht zu haben scheint; indessen hebe man auch diesen bescheidenen edeln Mann nicht über die Sphäre empor, in welche ihn die Vorsehung selbst stellte. Er hat wenige seiner selbst ganz würdige Schüler gezogen, eben weil seine Weisheit gleichsam nur zum Hausgeräthe seines eigenen Lebens gehörte.

Johann Gottfried Herder (1744–1803), ›Ideen zur Geschichte der Menschheit‹

Philosophen schlechthin für die nachfolgende Philosophiegeschichte werden läßt und die ihn auch heute noch für uns
interessant macht. Er erscheint dort weder als ein letztlich un-
philosophischer Kopf wie bei Xenophon noch als ein Naturphilosoph und Sophist wie bei Aristophanes, sondern als ein
Denker, der sich selbst und seinen Mitbürgern keine Ruhe in
der Frage nach dem Guten und Gerechten läßt und schließlich dafür getötet wird, der aber gerade dadurch die tiefe
Trennung von Theorie und Praxis überwindet. Die sokratische
Erkenntnissuche scheint am Ende die Antwort auf die Frage
nach dem richtigen Leben zu sein.

Die Berichte über das äußere Leben des Sokrates sind knapp;
insbesondere über seine erste Lebenshälfte ist nur sehr wenig
bekannt. Er wurde 469 als Sohn des Bildhauers oder Steinmet-
zen Sophroniskos und der Hebamme Phänarete geboren. Es
ist anzunehmen, daß er die in Athen für Knaben gesetzlich
vorgeschriebene Ausbildung »in den Geistesübungen und Lei-
beskünsten« erhielt (Kriton 50d). Zu vermuten ist auch, daß
er den Beruf seines Vaters erlernte, doch wird über eine Ausübung dieser Tätigkeit nur bei Diogenes Laertius (II, 19) berichtet. Sprichwörtlich wurde seine Ehe mit Xanthippe, in der
anekdotischen Überlieferung als ein zänkisches Weib gezeichnet, deren Launen Sokrates mit großer Geduld ertragen habe.
Inwieweit es sich hier um einen literarischen Topos handelt,
der das Verhältnis des Philosophen zu Frauen und zum bür-
gerlichen Leben im allgemeinen karikiert, ist schwierig zu sagen. In Platons ›Phaidon‹ wird von ihrer Not und Verzweiflung angesichts seines bevorstehenden Todes erzählt, und es
heißt, daß sich Sokrates, unmittelbar bevor er den Schierlingsbecher nahm, nochmals von Frau und Kindern verabschiedete;
seinen ältesten Sohn Lamprokles ermahnt er, so Xenophon,
zur Dankbarkeit gegenüber der Mutter (Mem II, 2). Sokrates

Xanthippe sprach zu Sokrates:
»Du bist schon wieder blau?«
Er sprach: »Bist du auch sicher dess'?
Kein Mensch weiß was genau.«
Er gilt noch heut als Philosoph
Und sie als böse Frau.

Bertolt Brecht (1898–1956), ›Alfabet‹

hatte drei Söhne, Lamprokles, Sophroniskos und Menexenos; die beiden letzteren waren zur Zeit seines Todes noch Kinder. All dies spricht gegen ein ausgesprochen zerrüttetes Verhältnis zwischen den Eheleuten. In der Forschung umstritten ist eine zweite, womöglich sogar gleichzeitige Ehe mit Myrto, einer Tochter oder Enkelin von Aristeides dem Gerechten. Eine solche Doppelehe zu führen, scheint im damaligen Athen allerdings juristisch durchaus möglich gewesen zu sein.

Im Alter von über 40 Jahren nahm Sokrates im Rahmen des Archidamischen Krieges als Hoplit an drei Feldzügen gegen die Spartaner teil. Die Hopliten waren schwerbewaffnete Fußkämpfer, die im geschlossenen Verband, der Phalanx, kämpften. Sie rekrutierten sich aus der den Adligen nachgeordneten Klasse und hatten für ihre aus Harnisch, Beinschienen, Helm, Lanze, Schwert und Rundschild bestehende Ausrüstung selbst aufzukommen. Es kann dies als Beleg dafür verstanden werden, daß Sokrates über ein gewisses Vermögen oder Einkommen verfügte, was allerdings den Ausführungen über seine Armut und Bedürfnislosigkeit in der platonischen ›Apologie‹ und in entsprechenden Passagen bei Xenophon widerspricht. So heißt es bei Xenophon beispielsweise: »Seele und Körper ge-

20 Eine Anekdote, die Diogenes Laertius (II, 36) über das Verhältnis von Sokrates und Xanthippe überliefert, avancierte seit dem 17. Jahrhundert mehrfach zu einem Thema der bildenden Kunst. Nachdem ihn Xanthippe beschimpft und sogar mit schmutzigem Wasser übergossen hat, soll Sokrates geäußert haben: »Sagte ich nicht, daß Xanthippe auch Regen bringt, wenn sie donnert?« Emanuel Wohlhaubter (1683–1756), ›Sokrates wird von seiner Frau Xanthippe mit Wasser übergossen‹

wöhnte er an eine Lebensweise, bei der jedermann, wenn nicht etwas Außerordentliches eintreten sollte, sorglos und sicher leben könnte, und keine Sorgen wegen eines so geringen Aufwandes zu haben brauchte. Denn er lebte so sparsam, daß ich nicht weiß, ob jemand so wenig durch seine Arbeit verdienen könnte, um nicht das zu erwerben, was dem Sokrates zum Leben genügte« (Mem. I, 3, 5).

Bezeugt ist die Teilnahme an der Belagerung von Potideia (431–429) sowie an den Schlachten bei Delion 424 und Amphipolis 422. Vom Verhalten und der Tapferkeit des Sokrates in diesen Kriegen berichtet Alkibiades im platonischen ›Symposion‹. In Potideia kämpfte dieser an Sokrates Seite und konnte von daher genau verfolgen, wie Sokrates alle Beschwernisse des Feldzuges, seien es Hunger oder Kälte, in vorbildlicher Weise ertrug. Doch er meisterte nicht nur schwierige Lebenssituationen, auch bei freudigen Anlässen tat er sich hervor und »verstand … allein zu genießen, auch im übrigen, zumal aber im Trinken, wiewohl er es immer nicht wollte; wenn er einmal gezwungen wurde, übertraf er alle, und was das Wunderbarste ist, niemals hat irgend jemand den Sokrates trunken gesehen« (›Symposion‹ 220a).

In den Schlachten selbst zeichnete sich Sokrates den Berichten zufolge durch besondere Tapferkeit aus. In Potideia rettete er den verwundeten Alkibiades mitsamt dessen Waffen. Als dieser ihn daraufhin für eine Auszeichnung vorschlug, bestand Sokrates darauf, daß man sie nicht ihm, sondern Alkibiades zuerkannte. In Delion soll er sich nach der athenischen Niederlage, während alles kopflos die Flucht ergriff, langsam und nach allen Seiten sichernd zusammen mit dem Feldherrn Laches zurückgezogen und letzteren dabei an Furchtlosigkeit weit übertroffen haben. Laches erzählt: »Denn bei der Flucht von Delion ging er mit mir zurück, und ich versichere dich, wenn die übri-

Oft sagte er [Sokrates] beim Anblick der massenhaften Verkaufsartikel zu sich selbst: »Wie zahlreich sind doch die Dinge, derer ich nicht bedarf!«
Diogenes Laertius II, 25

gen sich hätten so beweisen wollen, unsere Stadt wäre damals
bei Ehren geblieben und hätte nicht einen so schmählichen
Sturz erlitten« (Laches 181b).

Alkibiades erwähnt auch einen weiteren Verwunderung er-
regenden Charakterzug, der mit dem Bild des furchtlosen
Soldaten nicht recht zusammenzupassen scheint. Im Feldlager
stand Sokrates einmal vom Morgen an sinnend an einer Stelle. Als es Abend wurde und er immer noch dastand, schlugen
einige Mitkämpfer ihr Lager in seiner Nähe auf, um dieses
merkwürdige Verhalten zu beobachten. Bis zum nächsten
Morgen, berichteten sie, sei er auf seinem Platz stehengeblie-
ben, habe dann ein Gebet an die Sonne verrichtet und sei fort-
gegangen.

Zur Zeit des Archidamischen Krieges muß Sokrates schon
eine stadtbekannte Persönlichkeit gewesen sein, denn 423
macht ihn Aristophanes, wie oben bemerkt, zum Protagoni-
sten seiner Komödie ›Die Wolken‹. Im Gegensatz zu der dort
gegebenen komödiantisch überzeichneten Darstellung hat Sokrates aber keineswegs den Tag über in seiner »Denkerbude«
verbracht, um dort unfruchtbaren Spekulationen nachzuhän-

21 Vor allem im Klassizismus thematisierte man Sokrates zusammen mit
anderen Motiven aus der antiken Geschichte und Mythologie. Jakob Asmus
Carstens (1754–1798) zeigt die Schlacht von Potideia als Getümmel, in dessen
Mitte Sokrates den vom Pferd gestürzten Alkibiades verteidigt.

Zu Aristophanes' ›Wolken‹: Die Handlung des Stückes, das nach dem Chor der von Sokrates verehrten nebulösen Luftgeister benannt ist, kritisiert die Zersetzung der Tradition durch die Sophistik. Der Bauer Strepsiades will seinen leichtsinnigen, von Pferderennen besessenen Sohn Pheidippes in die »Weisheitsschule« des Sokrates schicken, damit er dort lerne, den Gläubigern zu beweisen, daß man seine Schulden nicht zu bezahlen brauche. Als dieser sich weigert, möchte er selbst Schüler des Sokrates werden, wird jedoch nach kurzer Zeit wegen seiner Begriffsstutzigkeit entlassen. Nun geht doch Pheidippes in die Lehre – Strepsiades überzeugt ihn mit dem Verweis auf die Sohnesschuld – und wird nach einem Redekampf zwischen Recht und Unrecht, bei dem letzteres siegt, zu einem begeisterten Schüler. Nach Hause zurückgekehrt, beweist er nicht nur den Gläubigern, daß er nicht zu zahlen brauche, sondern ebenfalls seinem Vater, daß er diesen züchtigen dürfe. Daraufhin zündet der empörte Strepsiades die »Denkerbude« an, deren Bewohner im Feuer umkommen.

Als Strepsiades erstmals an der »Denkerbude« erscheint, erhält er von einem der Schüler Kostproben der sokratischen Weisheit:

Scholar: Den Chairephon fragt Sokrates soeben:
Wieviel Flohfüße weit ein Floh wohl hüpft.
Dem Meister nämlich sprang just auf den Kopf
Ein Floh, der Chairephon am Aug gestochen.
Strepsiades: Wie hat er das gemessen?
Scholar: Hör und staune:
Er fängt den Floh, läßt Wachs zergehn und taucht
Ihn mit den Füßen drein, das Ding erkaltet:
Pantoffeln trägt der Floh, ganz angegossen;
Die nimmt er ab und mißt damit die Weite.
Strepsiades: Großmächt'ger Zeus, das nenn ich Geist und Scharfsinn!
Scholar: Was sagst du erst, wenn du von einer andern
Idee des Meisters hörst?
Strepsiades: Von welcher? sprich!
Scholar: Denk! Chairephon aus Sphettos fragt ihn jüngst,
Wofür er sich entscheid: ob durch das Mundstück
Die Schnaken singen oder durch den Bürzel.
Strepsiades: Ei, und wie löst' er dann die Schnakenfrage?
Scholar: Er sprach: »Der Darmkanal der Schnaken ist
Sehr eng: da drängt die eingepreßte Luft
Nun mit Gewalt sich durch, dem Bürzel zu;
Und weil die Öffnung plötzlich sich erweitert,
Fährt mit Musik der Wind zum Loch heraus.«
Strepsiades: So wär ein Schnakenloch 'ne Art Trompete! -
Heil dem aposteriorisch tiefen Forscher!
Wer so durchdringt den Hintern einer Schnake,
Kriecht leicht auch durch die Gänge der Justiz.   *›Die Wolken‹ 140 ff.*

gen oder seinen Schülern gegen Geld sophistische Tricks bei-
zubringen. Vielmehr suchte er das philosophische bzw. das
auf die Frage nach dem richtigen Leben zielende Gespräch
mit seinen Mitmenschen und trat dabei stets als wissensdurstig
und lernwillig auf. Xenophon schreibt im Zusammenhang mit
den in der Anklage gegen ihn erhobenen Vorwürfen: »So tat
gerade er stets alles in voller Öffentlichkeit. Am frühen Morgen ging er nämlich nach den Säulenhallen und Turnschulen,
und wenn der Markt sich füllte, war er dort zu sehen, und
auch den Rest des Tages war er immer dort, wo er mit den
meisten Menschen zusammensein konnte. Und er sprach mei-
stens, und wer nur wollte, dem stand es frei, ihm zuzuhören«
(›Memorabilia‹ I, 1, 10). Platon zufolge ging Sokrates sogar nach
einer durchzechten Nacht zu
den üblichen Plätzen, führte
dort den ganzen Tag über Gespräche und begab sich erst
abends nach Hause zur Ruhe
(›Symposion‹ 223d).

Sokrates verbringt seine Zeit
also im Gespräch. Aber mit
wem redet er? Er spricht mit
Alten und Jungen, Männern
und Frauen, Gebildeten und
Ungebildeten, vornehmen und
einfachen Leuten. Er redet mit
den Feldherren Laches und
Nikias, den späteren Tyrannen Kritias und Charmides,
mit dem ehrgeizigen Jüngling
Alkibiades, der Athen 415 zu
dem unglückseligen Feldzug

22 Der Philosoph schwebt über den
Dingen und verhandelt aus siche-
rem Abstand über die Welt. So wird
Sokrates von Aristophanes in den
›Wolken‹ beschrieben, die hier von
Asmus Jakob Carstens (1754–1798)
illustriert worden sind.

23 Satyrkopf. Die Ähnlichkeit zum ältesten Sokratesportrait (siehe Frontispiz) ist verblüffend.

gegen Sizilien überredete, mit Aspasia, der einflußreichen Geliebten des Perikles, mit der Priesterin Diotima, aber auch mit einer Hetäre, also einer Prostituierten, mit berühmten Wissenschaftlern und Sophisten, mit Dichtern, Künstlern, Handwerkern und immer wieder mit jungen Männern.

Sokrates' Gespräche irritieren und provozieren. Sie beginnen stets im Alltag, bedienen sich anschaulicher und allgemeinverständlicher Beispiele, enthalten aber zugleich eine ganz andere Dimension, die mit alltäglichen Gesprächen nichts mehr zu tun hat. Alkibiades erinnert Sokrates' Gesprächsführung an einen häßlichen Silen oder Satyr – ein Mischwesen aus Tier und Mensch –, der in seinem Innern ein Götterbild enthalte: »Denn wenn einer des Sokrates Reden anhören will, so werden sie ihm anfangs ganz lächerlich vorkommen, in solche Worte und Redensarten sind sie äußerlich eingehüllt, wie in das Fell eines frechen Satyrs. Denn von Lasteseln spricht er, von Schmieden und Schustern und Gerbern und scheint immer auf dieselbe Art nur dasselbe zu sagen, so daß jeder unerfahrene und unverständige Mensch über seine Reden spotten muß. Wenn sie aber einer geöffnet sieht und hineintritt, so wird er zuerst finden, daß diese Reden allein inwendig Vernunft haben, und dann, daß sie ganz göttlich sind und die schönsten Götterbilder von Tugend in sich enthalten und auf das meiste von dem oder vielmehr auf alles gerichtet sind,

Hippias: Führst du denn noch immer, Sokrates, jene gleichen Reden, die ich schon früher mal von dir gehört habe? Und Sokrates erwiderte: Was doch sicherlich noch schlimmer als dies ist, Hippias, ich führe nicht nur immer dieselben Reden, sondern auch über dieselben Gegenstände. Du dagegen mit deinem reichhaltigen Wissen sagst wahrscheinlich niemals dasselbe über dieselben Gegenstände. Natürlich, erwiderte jener, ich bin bemüht, immer etwas Neues zu sagen.

Xenophon, ›Memorabilia‹ IV, 4, 6

Auch verkehrte er [Sokrates] im Gegensatz zu allen anderen Philosophen mit Jedermann und brachte die Weisheit, die bei ihm kein System, sondern eine Denkweise war, auf die Gasse; wir haben es bei ihm mit der größten Popularisierung des Denkens über Allgemeines zu tun, die je versucht worden ist. *Jacob Burckhardt (1818–1897)*

was dem, der gut und edel werden will, zu untersuchen gebührt« (›Symposion‹ 221d–222a).

Nicht nur die ungewöhnliche Art, sich mit anderen Menschen zu unterhalten, faszinierte viele Athener, auch im Hinblick auf Sokrates selbst verfehlte der Kontrast zwischen »häßlichem Äußeren« und »schönem Charakter« sicher nicht seine Wirkung. Xenophon berichtet in seinem ›Symposion‹ von einem Gespräch, in dem es um einen wohl nicht ganz ernst gemeinten Schönheitswettbewerb zwischen Sokrates und dem jungen Kritobulos geht (Xenophon, ›Symposion‹ 5, 1–10). Zunächst wird festgestellt, daß sich Schönheit nicht nur bei Menschen, sondern auch bei Tieren und leblosen Gegenständen finde. Das Gemeinsame der Schönheit aller dieser Dinge sei jeweils das Zweckmäßige, das den jeweiligen Erfordernissen Entsprechende. Nach diesem Maßstab vergleicht Sokrates nun seine eigenen Gesichtszüge mit denen des Jünglings. So seien seine hervortretenden Augen schöner, denn mit ihnen könne er wie der Krebs auch seitwärts sehen. Und seine platte Nase sei ebenfalls schöner, könne er damit doch die Düfte von allen Seiten aufnehmen, und sie stehe den Blikken dennoch nicht im Wege. Daraufhin gibt sich Kritobulos geschlagen, denn auch des Sokrates Mund sei schöner: nicht nur besser geeignet zum Abbeißen, auch ein Kuß von Sokrates sei dank der dicken Lippen weicher. Trotzdem wird der Siegespreis, der in einem Kuß besteht, nicht ihm, sondern Kritobulos zuerkannt.

Als Zopyros viele Schwächen [des Sokrates] bei einem Zusammensein aufgezählt und ihm vorgehalten hatte, Zopyros, der verkündete, er durchschaue das Wesen eines jeden aus der Gestalt, wurde er von den übrigen verlacht, die jene Schwächen bei Sokrates nicht fanden, von Sokrates aber selbst gestützt, da er sagte, er habe ihre Zeichen, aber sie seien durch die Vernunft von ihm unterdrückt worden.
Marcus Tullius Cicero (106–43 v.Chr.), ›Gespräche in Tusculum‹ IV, 80

Bei aktuellen politischen Auseinandersetzungen hat sich Sokrates offensichtlich zurückgehalten und erst dann öffentlich Stellung bezogen, wenn ihm dies unumgänglich erschien. Im Jahr 406 kommt es zu dem schon erwähnten Arginusenprozeß, wo die siegreichen Feldherrn trotz eines nach der Schlacht einsetzenden Sturms bei ihrer Rückkehr angeklagt werden, Schiffbrüchige nicht gerettet zu haben. Statt vor ein ordentliches Gericht bringt man sie vor die Volksversammlung und zwingt sie, sich in aller Kürze zu verteidigen, ohne ihnen die gesetzlich zustehende Redezeit zu bewilligen. Indes gelingt es den Angeklagten, das Tribunal von ihrer Unschuld zu überzeugen. Doch da der Tag schon fortgeschritten ist, beschließt man, die Abstimmung über ihre Schuld zu vertagen. Beim nächsten Verhandlungstermin sind auf Anraten der Ankläger viele Angehörige der Verstorbenen anwesend, die Atmosphäre ist äußerst gespannt. Aufgebracht erwidert die Menge hinsichtlich des Vor-

24 Sokrates. Wandgemälde in einem Privathaus in Ephesus, 1. Jh. n. Chr.

wurfs, die Gesetze verletzt zu haben,»das sei ja noch schöner,
wenn man dem souveränen Volk nicht gestatten wolle, zu tun,
was ihm beliebe« (Xenophon, ›Hellenika‹ I, 7). Als die Drohung
laut wird, auch die die Volksversammlung leitenden Prytanen
anzuklagen, erklären sich diese aus Angst bereit, die gesetzes-
widrige Abstimmung vornehmen zu lassen. Einzig Sokrates, der
an diesem Tag gleichfalls zur Prytanie gehört, weigert sich: Er
werde »nichts tun, was nicht mit dem Gesetz in Einklang stehe«
(›Hellenika‹ I, 7). Trotzdem werden die Feldherrn zum Tode verurteilt und hingerichtet. Doch schon kurze Zeit später bereuen
die Athener ihre Tat und verklagen nun die Ankläger der Feldherrn, da diese »das Volk hintergangen« hätten.

Ebenso wie gegenüber dem Unrecht während der demokratischen Herrschaft verweigert sich Sokrates dem Unrecht während der oligarchischen Tyrannei der 30 (404/403). In der ›Apologie‹ berichtet er, mit anderen zusammen beauftragt worden zu
sein, einen politischen Gegner der Tyrannen über die Landes-
grenze zu locken, damit dieser hingerichtet werden könnte –
»um so viele als irgend möglich in Verschuldungen zu verstrik-
ken« (32c). Während die anderen den Befehl ausgeführt hätten,
sei er ungeachtet der Gefahr, der Befehlsverweigerung wegen
selbst hingerichtet zu werden, nach Hause gegangen.

Bei Xenophon findet sich eine weitere Begebenheit aus jener
Zeit, die diese unbestechliche Haltung gegenüber den Mächtigen verdeutlicht. Sokrates habe hinsichtlich des gewalttätigen
Regimes geäußert,»es erscheine ihm unbegreiflich, daß jemand,
der zum Hirten einer Rinderherde bestellt sei und die Rinder
vermindere und verschlechtere, nun nicht zugeben wolle, daß
er ein schlechter Rinderhirt sei; noch unverständlicher aber
sei es, daß jemand, der Leiter des Staates geworden sei und
dabei die Bürger vermindere und verschlechtere, sich nicht
schäme und nicht einsehen könne, daß er ein schlechter Leiter

Man denke sich das Grosse der Alten, vorzüglich der sokratischen Schule,
dass sie Quelle und Richtschnur alles Lebens und Thuns vor Augen stellt,
nicht zu leerer Spekulation, sondern zu Leben und That auffordert.
Johann Wolfgang von Goethe (1749–1832):
›Maximen und Reflexionen‹ 658

des Staates sei« (›Memorabilia‹ I, 2, 32). Diese Bemerkung wurde Kritias und Charikles hinterbracht, die daraufhin Sokrates vorluden und ihm unter Hinweis auf ein neu erlassenes Gesetz, das verbot, die Kunst des Redens zu lehren, das Gespräch mit Jünglingen untersagten. Die in diesem Zusammenhang geschilderte Unterredung ist ein charakteristisches Beispiel für die Darstellung eines sokratischen Gesprächs bei Xenophon. Sokrates fragt, ob Kritias und Charikles mit der Kunst des Redens die rechten oder die unrechten Reden meinten. Gar nicht, so antworten die Machthaber, solle er mit jungen Menschen sprechen. Daraufhin erkundigt sich Sokrates nach der Altersgrenze und möchte gerne wissen, ob er nun auch nicht mehr den jungen Fischverkäufer auf dem Markt nach dem Preis fragen dürfe. Dies wird ihm gestattet, doch Sokrates sei dafür bekannt, nach Dingen zu fragen, von denen er genau wisse, wie sie sich verhielten, und eben das solle er unterlassen. Also dürfe er nicht Auskunft geben, wenn ihn ein Jüngling nach dem Weg frage? Nun sind die Tyrannen gezwungen, ihr eigentliches Anliegen deutlich auszusprechen: Es ist das spezifisch sokratische Gespräch, das unterbunden werden soll, die Rede von den Schustern, Zimmerleuten und Rinderhirten, die dann zur Frage nach dem Gerechten und Ungerechten führt.

Was für eine Philosophie vertritt nun dieser Mann, der sein Leben hauptsächlich im Gespräch verbringt? Der einerseits alle unter den Tisch trinken kann und sich andererseits durch seine Bedürfnislosigkeit auszeichnet? Der furchtlos kämpft, aber auch in tiefstes Nachdenken versinkt? Der sich aus politischen Auseinandersetzungen heraushält, doch in bestimmten Fragen bereit ist, sein Leben für seine Überzeugungen aufs Spiel zu setzen? Und was hat die Athener dazu gebracht, ihn zum Tode zu verurteilen?

Seht, Sokrates kommt, dem kein anderer Mensch in müßigen Reden es gleichtut! / Ein Kerl, der alles ertragen will – natürlich fehlt ihm der Mantel!
Ein Unglücksmensch, den Schustern zum Trotz geschaffen, ein Hungerleider, / Der doch eins nicht kann, einem reichen Mann was Angenehmes zu sagen!

Ameipsias (Komödiendichter), ›Konnos‹, aufgeführt 423 v. Chr.

Das Selbstzeugnis in der ›Apologie‹

Die Gründe für die Anklage gegen Sokrates ebenso wie dessen Verteidigung seiner Lebensweise bzw. seiner philosophischen Tätigkeit schildert Platon in der ›Apologie‹. Platon zeichnet hier das vielleicht anschaulichste Bild seines Lehrers. Insofern Sokrates im Zuge der Darlegung seines Lebensentwurfs zugleich eine Zusammenfassung seines philosophischen Selbstverständnisses bietet, kommt der ›Apologie‹ für die biographische Annäherung besondere Bedeutung zu.

Im Jahr 399, vier Jahre nach dem Sturz der 30 Tyrannen, erhebt man gegen Sokrates wegen der Verehrung falscher Götter und verderblicher Einflüsse auf die Jugend Anklage. Beide Anklagepunkte beziehen sich offenbar auf Sokrates' tägliche Gespräche mit seinen Mitbürgern, darunter auch seine vielen Diskussionen mit jungen Männern. Nach athenischem Recht mußten Anklagen von Privatpersonen eingebracht werden; im Falle des Sokrates waren dies der im übrigen unbedeutende Dichter Meletos, der angesehene demokratische Politiker Anytos sowie der Redner Lykon. Die Anklage wurde von einem Gericht von 500 aus dem Volk per Los gewählten Geschworenen verhandelt, wobei beide Parteien ohne die Vermittlung eines Dritten, etwa eines Staatsanwalts, ihre Positionen selbst darlegen mußten.

Platon überliefert drei Reden: zunächst Sokrates' eigentliche Verteidigungsrede, also seine Stellungnahme gegen die von der Anklage erhobenen Vorwürfe, dann, nach dem Schuldspruch, seinen der Prozeßordnung gemäß eingebrachten Vorschlag zum

Ich werde mein Urteil fällen in Übereinstimmung mit den Gesetzen und Beschlüssen der Volksversammlung wie auch des Rates. In den vom Gesetzgeber nicht vorgesehenen Fällen werde ich die gerechteste Lösung annehmen, ohne mich von Gunst oder Feindschaft leiten zu lassen. Ich werde mein Urteil allein in Erwägung der dem Gericht vorgelegten Fragen fällen. Mit gleicher Aufmerksamkeit werde ich beide Parteien anhören. Das schwöre ich bei Zeus, bei Apollon und Demeter. Mein Leben sei glücklich, wenn ich meinem Eide treu bin; breche ich ihn, Fluch über mich und meine Familie. *Amtseid der athenischen Geschworenenrichter*

Strafmaß und nach der Verurteilung schließlich ein Schlußwort, zu dem man den Verurteilten Gelegenheit zu geben pflegte.

In der ersten Rede unterscheidet Sokrates zunächst zwischen der eigentlich gegen ihn erhobenen Anklage und älteren, von anonymer Seite erhobenen Vorwürfen, deretwegen er zwar nicht vor Gericht stehe, wodurch ihm aber ein schlechter Ruf entstanden sei und die Anklageerhebung befördert wurde. Diese älteren Vorwürfe lauteten: »Sokrates frevelt und treibt Torheit, indem er unterirdische und himmlische Dinge untersucht und Unrecht zu Recht macht und dies auch andere lehrt« (19b–c). Dies entspricht dem Bild, welches auch Aristophanes in seinen ›Wolken‹ entworfen hat. Sokrates distanziert sich entschieden von diesen Meinungen und macht deutlich, daß er mit beiden philosophischen Richtungen nichts zu tun habe: Weder betreibe er Naturphilosophie, noch erziehe er Menschen und verdiene wie die Sophisten Geld damit.

Damit stellt sich aber die Frage, weshalb er vor Gericht steht. Sokrates nennt als Grund eine »gewisse Weisheit« (20d), die ihm eigentümlich sei, und beruft sich auf Apollon, den Gott des Orakels von Delphi. Sein Freund Chairephon habe das Orakel einst befragt, ob jemand weiser sei als Sokrates, was dieses geleugnet habe. Da er sich aber bewußt gewesen sei, »weder viel noch wenig weise« zu sein, habe er den Orakelspruch über lange Zeit nicht verstanden und sich schließlich nur zögernd an dessen Untersuchung gemacht. Er sei zu einem der für weise Gehaltenen, einem Politiker, gegangen und habe im Gespräch mit ihm festgestellt, daß dieser zwar sich selbst und auch anderen weise vorgekommen sei, dies aber nicht der Wahrheit entsprochen habe. Weiser als dieser vermeintlich Weise sei also tatsächlich er selbst, Sokrates, denn er wisse um seine Unwissenheit. Daraufhin habe er seine Prüfung des Orakelspruchs mit anderen für weise Gehaltenen fortgesetzt,

---

Es muß also das Orakel oder Sokrates selbst gelogen haben, da jenes ihn preist als den Weisesten, dieser sagt, er kenne sich als völlig unwissend. – Weder das eine noch das andere braucht der Fall zu sein, da beide Aussprüche wahr sein können. Das Orakel nennt Sokrates den weisesten von allen Menschen, deren Weisheit eine beschränkte ist. Sokrates erkennt sich für unwissend im Vergleich zur absoluten Weisheit, welche unendlich ist.

Galileo Galilei (1564–1642)

25 Befragung des delphischen Orakels. Schale des Kodros-Malers, um
440–430 v. Chr.

mit weiteren Politikern, Dichtern und Handwerkern. Überall
habe er feststellen müssen, daß zwar Kenntnisse einzelner
Dinge vorhanden seien, wirkliches Wissen aber lediglich beansprucht werde. Durch derlei Nachforschungen, die einigen
seiner Mitbürger als Bloßstellung erschienen, habe er viel Haß
und Verleumdung auf sich gezogen; aber auch den Ruf, er sei
weise, hätten die Zuhörer doch angenommen, er wisse dasjeni-
ge, worin er die anderen des Nichtwissens überführt habe. Doch
ihm scheine es, als ob er dem Gott als eine Art Vermittler diene,

> Sokrates aber hat als erster die Phi-
> losophie vom Himmel herunter-
> geholt, in den Städten angesiedelt,
> sie sogar in die Häuser eingeführt
> und sie gezwungen, nach dem Le-
> ben, den Sitten und dem Guten
> und Bösen zu fragen.
> *Cicero, ›Gespräche in Tusculum‹ V, 10*

damit den Menschen folgende Einsicht faßbar werde: »Unter euch, ihr Menschen, ist der der Weiseste, der wie Sokrates einsieht, daß er in der Tat nichts wert ist, was die Weisheit anbelangt« (23b). Und diese Untersuchungen im Auftrag des delphischen Gottes seien sein Geschäft, seine spezifische Lebensaufgabe; darüber hinaus habe er weder in staatlichen noch in privaten Dingen etwas Besonderes geleistet. Dieses Geschäft, so Sokrates, hätte sich vor allem auch für junge Leute als anziehend erwiesen, die ihrerseits dann versucht hätten, ihn nachzuahmen, worin der Vorwurf gründe, er verderbe die Jugend. Doch da man ihm keine bestimmte Lehre zusprechen könne, bringe man einfach die altbekannten Vorwürfe gegen die Naturphilosophen und Sophisten gegen ihn vor.

Nach diesen Ausführungen zu den älteren, anonymen Vorwürfen wendet sich Sokrates den aktuellen Anklagepunkten zu. Die Anklage von Meletos, Anytos und Lykon umfaßt zwei Punkte und lautet: »Sokrates ... frevle, indem er die Jugend verderbe und die Götter, welche der Staat annimmt, nicht annehme, sondern ein anderes neues Daimonisches« (24b–c). Der zweite Aspekt bezieht sich auf das sogenannte »sokratische Daimonion«. Sokrates zufolge handelt es sich dabei um eine innere Stimme, die ihn seit seiner Kindheit begleite und vor schlechten und ungerechten Handlungen warne. Über die Bedeutung des Daimonions wird in der Sokratesforschung vielfältig spekuliert. Die Interpretationen reichen von der Deutung als einem privaten Gott über die Stimme des Gewissens bis hin zu Anzeichen geistiger Krankheit.

Beide Anklagepunkte werden im weiteren Verlauf der ›Apologie‹ von Sokrates gemeinsam mit Meletos auf ihre Stichhaltigkeit hin untersucht. Das sokratische Geschäft der Prüfung von vermeintlich Gewußtem wird so in der Praxis durchgeführt. Zunächst fragt Sokrates Meletos, wer denn die Jugend

Dich erklärt der Pythia Mund für
den weisesten Griechen,
Wohl, der weiseste mag oft der
beschwerlichste sein.
Friedrich Schiller (1759–1805),
›Xenien‹, Nr. 601

besser mache? Meletos, um eine Antwort verlegen, verweist zunächst auf die Geschworenen und schließlich ganz allgemein auf alle Bürger des athenischen Staates. Alle Athener, sagt er, würden die Jugend besser machen – bis auf Sokrates (25a). Ungerührt von der offenkundigen Absurdität dieser Behauptung gibt Sokrates zu bedenken, daß beispielsweise bei Pferden nicht jeder diese bessere, sondern nur, wer sich mit Pferden auskenne. Sokrates weist nun nach, daß Meletos' Anklage in sich widersprüchlich ist. Angesichts der von Meletos zugestandenen Tatsache, es sei besser, unter guten Bürgern zu wohnen als unter schlechten, stellt er diesen vor die Alternative, ob er, Sokrates, vorsätzlich oder ohne Vorsatz die Jugend verderbe. Vorsätzlich, erwidert Meletos. Dies kann jedoch nicht in Sokrates' Interesse liegen, da er damit unweigerlich schlechte Bürger heranzöge, unter denen er dann leben müßte. Wenn er sie aber ohne Vorsatz verdürbe, verdiene er keine Bestrafung, sondern Belehrung.

Sodann prüft Sokrates auch den Vorwurf der Gottlosigkeit. Meletos hält ihn für gänzlich gottlos und behauptet, Sokrates glaube beispielsweise, die Sonne sei nur ein Stein. Sokrates weist ihn darauf hin, daß dies nicht seine, sondern die allseits bekannte Lehre des Anaxagoras sei. Wenn Meletos aber zugestehe, daß er, Sokrates, an etwas »Daimonisches« glaube, so ergebe sich, daß er auch an Dämonen glauben müsse. Da die Dämonen aber nach allgemeiner Auffassung entweder selbst Götter oder Kinder von Göttern seien, folge daraus, daß er auch an die Existenz der Götter glaube.

Damit hat sich die offizielle Anklage in beiden Punkten als unhaltbar erwiesen, doch die älteren Vorwürfe gegen seine Philosophie und der eigentlich dahinter stehende »Haß der Menge« (28a) sind nicht aus der Welt geräumt. Er werde aber, so hält Sokrates seinen Richtern entgegen, sich durch die Ge-

Die Vernunft ist immer dieselbe und, recht angewandt, wird sie zu allen Zeiten und an allen Orten zu den gleichen Schlüssen führen. Sokrates scheint vor zweitausend Jahren sich durch Vernunft eben den Gottesbegriff erschlossen zu haben, der von den Philosophen unserer Tage anerkannt ist, wenn sie diesen Namen auch solchen, die nicht Atheisten sind, zugestehen wollen.

George Berkeley (1685–1753), ›Alciphron oder Der Kleine Philosoph‹ I, 15

26   Sokrates vor Gericht. Teil einer Relieffolge des klassizistischen
Bildhauers Antonio Canova (1757–1822)

fahr eines Todesurteils nicht von seiner ihm durch den delphischen Gott gestellten Aufgabe abbringen lassen. Niemand könne wissen, was der Tod sei, ob ein Gut oder ein Übel. Selbigen
zu fürchten, ohne ihn zu kennen, sei geradezu ein Beispiel für
die von ihm bekämpfte Einbildung eines Wissens, über das
man nicht verfüge (29a). Er werde auch keinen Freispruch
akzeptieren, wenn dieser bedeute, sein Prüfen und die Suche
nach Weisheit aufgeben zu müssen, sondern vielmehr dem
Gott mehr gehorchen als den Athenern und darin fortfahren,
seine Mitbürger wie folgt zu ermahnen: »Bester Mann, als ein
Athener aus der größten und für Weisheit und Macht berühmtesten Stadt, schämst du dich nicht, für Geld zwar zu sorgen,
wie du dessen aufs meiste erlangest, und für Ruhm und Ehre,
für Einsicht aber und Wahrheit und für deine Seele, daß sie
sich aufs Beste befinde, sorgst du nicht, und hierauf willst du
nicht denken? Und wenn jemand unter euch dies leugnet und
behauptet, er denke wohl darauf, werde ich ihn nicht gleich

Seinem Ankläger hätte man, wäre er 2300 Jahre später geboren worden,
ganz gut in einem beliebigen Abteil erster Klasse des Vorortzuges begegnen können, der abends morgens nach oder aus der City fährt; denn
er hatte wirklich nichts anderes vorzubringen, als daß er und seinesglei-
chen nicht vertragen konnten, fortwährend zu Idioten erklärt zu werden,
sooft Sokrates den Mund auftat. ... Er [Sokrates] hatte keine Ahnung, bis
zu welchem Maße seine geistige Überlegenheit Furcht und Haß gegen ihn
in den Herzen jener erregt hatte, gegenüber denen er sich nur guten Willens und guter Dienste bewußt war.   *George Bernard Shaw (1856–1950)*

loslassen und fortgehen, sondern ihn fragen und prüfen und ausforschen. Und wenn mich dünkt, er besitze keine Tugend, behaupte es aber: so werde ich es ihm verweisen, daß er das Wichtigste geringer achtet und das Schlechtere höher ... Denn nichts anderes tue ich, als daß ich umhergehe, um jung und alt unter euch zu überreden, ja nicht für den Leib und für das Vermögen noch überall so sehr zu sorgen als für die Seele, daß diese aufs Beste gedeihe, zeigend, wie nicht aus dem Reichtum die Tugend entsteht, sondern aus der Tugend der Reichtum und alle anderen Güter insgesamt, eigentümliche und gemeinschaftliche« (29d–30b).

An dieser Stelle gibt Sokrates eine etwas anders gefärbte Charakterisierung seines Tuns. Während im Zusammenhang mit dem Orakelspruch von Delphi die Prüfung des vorgeblichen Wissens der als weise Geltenden bzw. das sokratische Eingeständnis eigener Unwissenheit im Vordergrund stand, zeichnet sich hier ab, um was es sich denn nun bei dem von Sokrates in den Blick genommenen fehlenden Wissen eigentlich handelt. Die Geprüften meinen, sich vor allem um äußere Dinge wie Reichtum, leibliche Güter, Ehre und politischen Einfluß bekümmern zu müssen, begreifen sie sich selbst doch schon als gut und tugendhaft. Dieser Anspruch wird von Sokrates radikal in Frage gestellt. Nicht die Sorge um äußere Güter dürfe an erster Stelle stehen, sondern die Sorge um die Seele, um Erkenntnis und Tugend. Nur aus dem Blickwinkel dieser Sorge um die Seele könnten die übrigen Güter entstehen, nicht aber umgekehrt.

Seine Auffassung, die vielen als weltfremd erscheinen dürfte, vertritt Sokrates mit größter Entschiedenheit. Er werde, erklärt er, nicht anders handeln, und müsse er »noch so oft sterben« (30c). Auch die versammelten Athener reagieren mit Unverständnis, indessen Sokrates noch einen Schritt weitergeht: Im

Und in der Apologie stellt Sokrates sich seinen Richtern geradewegs als Meister der Sorge um sich hin: der Gott hat ihn berufen, die Menschen zu mahnen, daß sie sich sorgen, nicht um ihre Reichtümer, nicht um ihre Ehre, sondern um sich selbst und um ihre Seele. Dieses nun durch Sokrates geheiligte Thema der Sorge um sich hat die spätere Philosophie wieder aufgegriffen und schließlich ins Zentrum jener »Kunst der Existenz« versetzt, welche sie zu sein behauptet.

Michel Foucault (1926–1984)

Falle seiner Verurteilung, äußert er, schadeten die Athener gar nicht ihm, sondern vielmehr sich selbst, da es mit Sicherheit ein Übel sei, jemanden widerrechtlich zu verurteilen, Tod und Verbannung hingegen nur scheinbare Übel seien. Er verteidige sich um ihretwillen, damit sie kein Unrecht begingen gegen die ihnen von Gott gegebene Gabe, denn, so sein Vergleich, er sei »von dem Gotte der Stadt beigegeben, wie einem großen und edlen Rosse, das aber eben seiner Größe wegen sich zur Trägheit neigt und der Anreizung durch einen Sporn bedarf« (30e).

27 Apollon, der Schutzgott des delphischen Orakels, dessen Heiligtum mit der Inschrift versehen war: »Erkenne dich selbst«, um 460 v. Chr.

Als Beleg für das Gesagte verweist Sokrates auf seine Lebensführung. Seine Armut bezeuge, daß er sich nicht um die eigenen Dinge gekümmert habe. Von den öffentlichen Angelegenheiten habe er sich gemäß der Warnungen seines Daimonions zurückgehalten, denn es wäre ihm unmöglich gewesen, im athenischen Staat zu überleben, hätte er versucht, Ungerechtigkeit zu verhindern. In diesem Zusammenhang erwähnt er den Arginusenprozeß und den Befehl der 30 Tyrannen, wo ihm Neutralität nicht möglich gewesen sei und er deshalb ohne Rücksicht auf die eigene Sicherheit habe handeln müssen. Nochmals weist er darauf hin, daß er kein Lehrer gewesen sei, aber jeder habe ihm zuhören und mit ihm sprechen können.

> Ich hasse auch den Sokrates, den Habenichts, den Schwätzer, der über vieles sonst sinniert, doch wie er was zu essen kriegt, das hat ihn nie gekümmert.
> *Eupolis (Komödiendichter, † um 411 v. Chr.)*

Im Anschluß an seine Verteidigungsrede spricht man Sokrates mit knapper Mehrheit schuldig. In seiner zweiten Rede, in der er zum Strafmaß Stellung nimmt, verblüfft Sokrates seine Richter durch die Äußerung, daß er, der sich niemals um die eigenen Angelegenheiten, sondern immer nur um das Wohl der anderen gekümmert habe, eigentlich die Speisung im Prytaneion verdient hätte (dem Rathaus von Athen), in dem auch die hochangesehenen Sieger der Olympischen Spiele durch öffentliche Mahlzeiten geehrt wurden. Obwohl seine Haltung wohl manch einem als Hochmut erscheinen werde, könne er keine Strafwürdigkeit hinsichtlich seines Verhaltens erkennen, denn er sei überzeugt, niemandem unrecht zu tun, und mit der Zumessung einer Strafe würde er eine Schuld anerkennen.

Dennoch geht Sokrates im folgenden auf mögliche Strafen ein und wägt ihre jeweiligen Folgen ab. Gefängnis oder Verbannung würde er dem Todesurteil nicht vorziehen. Im ersten Fall stelle sich die Frage, wozu er dann überhaupt noch lebe, und in der Verbannung würde es ihm über kurz oder lang doch wie in Athen ergehen. Schweigen aber könne er nicht, auch wenn dies den Richtern wohl unbegreiflich bleibe; denn sie verstünden weder, daß er dem Gott nicht ungehorsam sein dürfe, noch seine Behauptung, daß es das größte Gut für den Menschen sei, sich täglich über die Tugend zu unterhalten, und ein Leben ohne Selbsterforschung nicht wert sei, gelebt zu werden. Abschließend erklärt sich Sokrates zur Annahme einer Geldstrafe bereit, denn diese bedeute keinen Schaden für ihn. Etwa eine Mine habe er, die könne er bezahlen – auf Anraten seiner Freunde, die ihm Geld leihen wollen, erhöht er den Betrag auf 30 Minen, mehr als den Lohn eines Handwerkers in 8 Jahren.

Seine Stellungnahme provozierte die Geschworenen offensichtlich, denn Sokrates wird mit großer Stimmenmehrheit zum

Das Schicksal des Sokrates ist so echt tragisch. Das ist eben das allgemeine sittliche tragische Schicksal, daß ein Recht gegen ein anderes auftritt – nicht als ob nur das eine Recht, das andere Unrecht wäre, sondern beide sind Recht, entgegengesetzt, und eins zerschlägt sich am anderen; beide kommen in Verlust, und so sind auch beide gegeneinander gerechtfertigt.
Georg Wilhelm Friedrich Hegel (1770–1831),
›Vorlesungen über die Geschichte der Philosophie I‹

Tode verurteilt. Nach der Urteilsverkündung spricht er noch einmal zu seinen Richtern. Er wendet sich zunächst an jene, die für seinen Tod gestimmt haben. Erneut weist er auf den Schaden hin, den sie sich selbst zufügen. Einen alten Mann wie ihn zu verurteilen, der aller Voraussicht nach sowieso bald sterben werde, mache offenkundig wenig Sinn. Er bekräftigt noch einmal die Richtigkeit seines Verhaltens vor Gericht. Nicht aus Unvermögen, sondern weil er es so für besser hielt, verteidigte er sich in dieser Weise.

Darauf spricht Sokrates zu denen, die für ihn gestimmt haben. Das Daimonion, welches ihn vor Schlechtem warne, habe ihn während des Prozesses nicht zurückgehalten, und deshalb sei er auch hinsichtlich seines Todes zuversichtlich. Ob der Tod nun wie ein empfindungsloser Schlaf sei oder er in eine Unterwelt gelangen werde, wo sich die Verstorbenen befänden und er seine Gespräche fortsetzen könne – ein Übel sei der Tod in keinem der beiden Fälle. Grundsätzlich gebe es für den Guten kein Übel, weder im Leben noch im Tod. Abschließend fordert er dazu auf, seine Söhne so zu behandeln,

28   Eugène Delacroix (1798–1863) malt das sokratische Daimonion als mächtigen Schutzengel.

wie er die Athener behandelt habe: sie anzuhalten, sich nicht um Reichtum, sondern um Tugend zu kümmern, damit sie sich nicht für weise hielten, ohne es zu sein.

Die platonische ›Apologie‹ bekräftigt und verschärft das Charakterbild des Sokrates, wie es in der Beschreibung seines äußeren Lebensweges deutlich wurde. Sokrates steht vor Gericht und erklärt, er werde nicht mit dem aufhören, was letztlich zur Anklage führte: philosophische Gespräche mit den Menschen zu pflegen, denen er begegne, und wenn er noch so oft sterben müsse. Und hinsichtlich der ihm vorgeworfenen Gottlosigkeit entgegnet er, sein ganzes Leben als Dienst im Auftrag Apollons zu begreifen.

Wieder stellt sich die Frage: Was ist das für ein Mensch, der bereit ist, für seine Überzeugungen in den Tod zu gehen? Welche Geisteshaltung gibt ihm diese Kraft und diese Gelassenheit gegenüber dem Ende seines Lebens? Hinsichtlich seines Denkens sind zwei Grundaussagen deutlich geworden: Sokrates lehnt die ihm vorangegangenen älteren philosophischen Auffassungen – Naturphilosophie und Sophistik – für sich ab. Er beschreibt seine eigene Philosophie demgegenüber als eine »gewisse Weisheit«, die in der Einsicht in das eigene Nichtwissen resultiere und in der täglichen Prüfung seiner Mitbürger, in ihrer Hinlenkung auf die Suche nach Einsicht und Tugend bestehe. Aus dieser Darstellung seines philosophischen Selbstverständnisses ergeben sich zwei weiterführende Fragen, denen im folgenden nachgegangen werden soll: Erstens, warum lehnt Sokrates die Philosophie der Vorsokratiker als ungenügend ab? Und zweitens, was ist unter der Einsicht in das Nichtwissen, diesem rätselhaften Kern der sokratischen Philosophie, zu verstehen?

Wollen sie aber einen Sokrates abscheulichen Schmähungen, ja tausendmal widerlegten Bezichtigungen aussetzen und Leute wie Anitos und Melitos wieder zum Leben erwecken, so brauchen sie nur die Verteidigung des Sokrates zu schreiben. Dies ist keine Vermutung, sondern eine Tatsache. Vor einigen Jahren veröffentlichte ein preußischer Geistlicher, ein ebenso frommer wie gescheiter Mann, eine Lebensbeschreibung dieses Philosophen. Sofort erhob sich lautes Geschrei: man redete den Gläubigen ein, ihr Seelsorger wäre Heide, und der arme Pfarrer bekam kein Kind mehr zu taufen.

Denis Diderot (1713–1784), ›Essay über die Herrschaft der Kaiser Claudius und Nero …‹, 1. Buch, cap. L

Die Frage nach der letzten Ursache

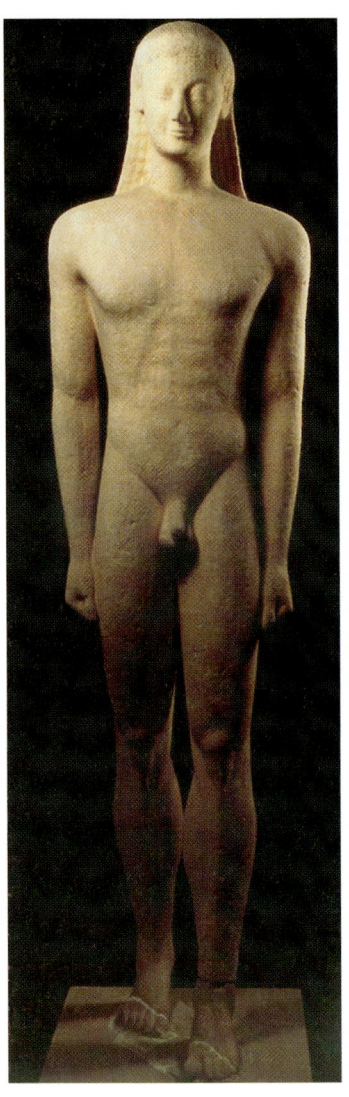

Um zu verstehen, weshalb Sokrates die vorsokratische Philosophie ablehnt, ist es zunächst notwendig, deren Entwicklung in ihren Grundzügen nachzuvollziehen. Nach platonischem Zeugnis ist Sokrates nämlich durch die Auseinandersetzung mit den älteren Theorien und den dort behandelten Problemen zu seiner eigenen Philosophie gelangt.

Im platonischen ›Phaidon‹, in dem Gespräch unmittelbar vor seiner Hinrichtung, berichtet Sokrates, daß ihn in seiner Jugend zuerst naturphilosophische Fragen interessierten. Die sogenannte Naturphilosophie steht am Anfang der griechischen Philosophie. Als ihr Begründer gilt der weitgereiste Thales von Milet (624–546), der sich mit astronomischen und mathematischen Forschungen, aber auch

29 Der tiefgreifende Wandel des Welt- und Selbstverständnisses in der Entwicklung der Philosophie spiegelt sich auch in der bildenden Kunst. Die um 550 v. Chr. entstandene Statue des Kuros (Jünglings) von Melos steht in der Tradition der archaischen Plastik.

Es wird erzählt ..., daß Thales, als er astronomische Betrachtungen anstellte und dabei nach oben blickte, in einen Brunnen gefallen sei und daß eine witzige, reizende thrakische Magd ihn verspottet habe: Er strenge sich an, die Dinge im Himmel zu erkennen, von dem aber, was ihm vor Augen und vor den Füßen liege, habe er keine Ahnung.

Platon, ›Theaitetos‹ 174a

mit Ingenieursarbeiten befaßt haben soll. Seine Bedeutung in der Philosophiegeschichte verdankt sich vor allem seiner Annahme, das Wasser als Prinzip alles Seienden, als Ursache von allem zu begreifen. Dieser heute eher fremdartig anmutenden Behauptung kommt für die Philosophiegeschichte und die Wissenschaften insgesamt jedoch eine entscheidende Bedeutung zu. Denn im Unterschied zu den älteren mythischen Welterklärungsmodellen, in denen die Götter als personifizierte Naturmächte fungierten, benennt Thales von Milet hier erstmals ein »natürliches« Prinzip alles Seienden und lenkt so die Beantwortung der Frage nach der einen, der letzten Ursache für die Entstehung alles Seienden in eine ganz und gar neue Richtung. Indem Thales die Ursachenfrage aus dem mythischen Kontext herauslöst, gelingt es ihm, sie als dem Denken des Menschen zugängliche Fragestellung auszuweisen. Dieser grundsätzlich neue Ansatz zur Welterklärung – die Ablösung des Mythos durch den »Logos« – fiel auf fruchtbaren Boden. Anaximander, Schüler von Thales, bestimmt als Urprinzip das »Apeiron«, das Unendliche, Unbegrenzte und Unbestimmte, aus dem die Dinge der Welt als Gegensätze hervorgehen und in das sie wieder zurückfallen. Anaximenes wiederum hält die Luft für den Urgrund, während der sizilianische Philosoph Empedokles von

Als man ihm [Thales] wegen seiner Armut einen Vorwurf machte, als ob die Philosophie zu nichts tauge, habe er ..., da er aufgrund seiner astronomischen Kenntnisse vorausgesehen hatte, daß die Olivenernte reichlich sein würde, noch im Winter mit dem wenigen Geld, das ihm zur Verfügung stand, als Handgeld, sämtliche Olivenpressen in Milet und Chios für einen niedrigen Preis gemietet, wobei niemand ihn überbot. Als aber die Zeit [der Ernte] gekommen war und auf einmal und gleichzeitig viele Pressen verlangt wurden, da habe er seine Pressen so teuer verpachtet, wie er nur wollte, und auf diese Weise sehr viel Geld verdient: zum Beweise dafür, daß es für die Philosophen ein leichtes ist, reich zu werden, wenn sie wollen, daß es aber nicht das ist, was sie interessiert.

Aristoteles, ›Politik‹ 1259a

den vier Elementen Wasser, Erde, Feuer und Luft ausgeht, die seiner Ansicht zufolge durch Liebe und Haß bewegt werden. Im 5. Jahrhundert entwickeln dann Leukipp und Demokrit erstmalig eine »Atomlehre«, um das Werden und Vergehen in der Natur zu erklären. Alles Geschehen beruht nach ihrer Meinung auf der Mechanik unterschiedlich beschaffener und in ihrer Größe variierender Atome, die sich miteinander verbinden oder voneinander trennen und so die Veränderungen in der Welt des Seienden verursachen.

Auch den jungen Sokrates beschäftigen grundsätzliche Fragen zur Entstehung und zum Wesen der Dinge: »Ob, wenn das Warme und Kalte in Fäulnis gerät, wie einige gesagt haben, dann Tiere sich bilden? Und ob es wohl das Blut ist, wodurch wir denken, oder die Luft oder das Feuer? Oder wohl keines von diesen, sondern das Gehirn uns alle Wahrnehmungen hervorbringt, des Sehens und Hörens und Riechens und aus diesen dann Gedächtnis und Vorstellung entsteht und aus Erinnerung und Vorstellung, wenn sie zur Ruhe kommen, dann auf dieselbe Weise Erkenntnis entsteht?« (›Phaidon‹ 96b). Sokrates gesteht, daß er an diesen Fragen gescheitert sei.

30   Überblickskarte zu den Herkunftsorten der griechischen Philosophen

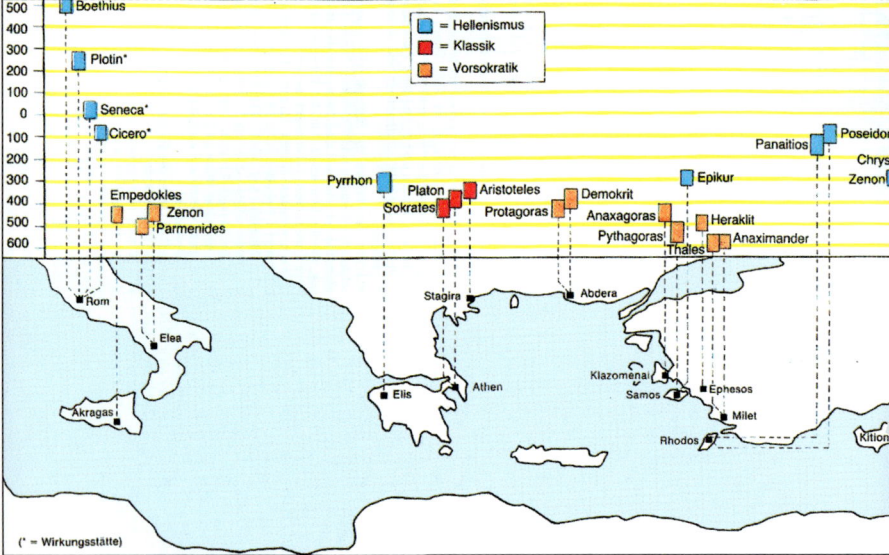

31 Mit dieser, um 100 v. Chr. geprägten
Münze erinnerte Klazomenai, die Heimatstadt des Anaxagoras, an ihren berühmten Bürger.

Selbst das, was er vorher zu
wissen glaubte, sei ihm unter
den Fingern zerronnen. So
habe er vor seiner Beschäftigung mit der Philosophie angenommen, daß ein Mensch
durch Essen und Trinken wachse,
Fleisch zum Fleisch hinzukomme und
dadurch der Mensch größer werde. Und
er habe geglaubt, daß, wenn ein Mensch größer sei, er beispielsweise um einen Kopf größer sei, und noch deutlicher
bei Zahlenverhältnissen: Zehn sei mehr als acht, weil noch
zwei dabei seien. Heute jedoch glaube er nicht mehr, von diesen Dingen die Ursache zu wissen. Das zugrundeliegende
Problem verdeutlicht er an einem einfachen Rechenbeispiel:
Wenn man eins zu einem hinzunimmt, ist dann das erste oder
das zweite zur Zwei geworden? Ist das Zueinanderkommen
von zwei vorher Getrennten, also die Vereinigung, die Ursache für die Zwei? Oder kann nicht auch die Zerspaltung von
einem einzelnen als Ursache für Zwei gelten?

Mit diesen Schwierigkeiten konfrontiert, habe er von der
Lehre des Anaxagoras gehört, der zufolge die Vernunft, der
»Nous«, die Ursache aller Dinge sei. Diese Annahme sei ihm
richtig erschienen, und er habe erwartet, daß Anaxagoras nun
zeige, wie es der Vernunft gelingt, alles nach ihrem Maßstab,
nämlich dem des Besten, anzuordnen. Anaxagoras, so habe
zumindest er ihn verstanden, suche die Ursache der Dinge in
der Erklärung, warum es für dieses oder jenes Seiende jeweils

Bei körperlichen Dingen überschreitet volle Genauigkeit der Verbindun-
gen und eine Angleichung des Bekannten an Unbekanntes, die zur Dek-
kung führen würde, die Fähigkeit der menschlichen Vernunft in solchem
Maße, daß Sokrates zur Einsicht kam, er wisse nur, daß er nichts wisse ...
Nikolaus von Kues (1401–1464), ›Die belehrte Unwissenheit‹ I, 1, 4

32   Johann Gottfried Schadow (1764–1850) zeigt das letzte Gespräch des Sokrates im Gefängnis, das am Tage seiner Hinrichtung stattfindet. Links unter
den Zuhörern sieht man den jüdischen Aufklärungsphilosophen Moses Men-
delssohn (1729–1786), der den platonischen ›Phaidon‹ neu bearbeitete.

gut sei, so zu sein, wie es ist. Getrieben von dieser Hoffnung,
habe er begierig die Bücher des Philosophen studiert, sei dann
allerdings gründlich enttäuscht worden. Denn Anaxagoras lö-
se seinen Anspruch nicht ein, er entwickele nicht das Beste als
Ursache, sondern schiebe statt dessen äußere Dinge wie Wasser oder Erde als Ursache vor und vertrete damit ebenfalls eine mechanistische Welterklärung. Dies sei so, erklärt Sokrates, als wolle man als Grund für seinen jetzigen Aufenthalt im
Gefängnis angeben, er säße hier, weil sein Leib »aus Knochen

Logos und *Nous* sind Kernbegriffe
der griechischen Philosophie, die
nicht eindeutig oder eindimensional
zu übersetzen sind. *Logos* bezeichnet
ursprünglich Wort, Rede und Sprache, meint letztlich alle verständigen
Äußerungen der Vernunft. Insbesondere im philosophischen Kontext verfügt der Begriff *logos* über ein äußerst

weites Bedeutungsspektrum, das von
Gedanken, Beweis, Überlegung, System bis hin zur Weisheit reicht. Entscheidendes Merkmal ist die Nach-
prüfbarkeit: *Logos* ist das durch
Prüfung als wahr Erwiesene. Ähnlich
facettenreich ist das Verständnis von
nous, der allgemein mit Geist, Intellekt,
Verstand übersetzt werden kann.

und Sehnen besteht und die Knochen dicht sind und durch Gelenke voneinander geschieden, die Sehnen aber so eingerichtet, daß sie angezogen und nachgelassen werden können, und die Knochen umgeben nebst dem Fleisch und der Haut, welche sie zusammenhält. Da nun die Knochen in ihren Gelenken schweben, so machten die Sehnen, wenn ich sie nachlasse und anziehe, daß ich jetzt imstande sei, meine Glieder zu bewegen, und aus diesem Grunde säße ich jetzt hier mit gebogenen Knien. Ebenso, wenn er [Anaxagoras] von unserem Gespräch andere dergleichen Ursachen anführen wollte, die Töne nämlich und das Gehör und tausenderlei dergleichen herbeibringen, ganz vernachlässigend, die wahren Ursachen anzuführen, daß nämlich, weil es den Athenern besser gefallen hat, mich zu verdammen, deshalb es mir auch besser geschienen ist, hier sitzen zu bleiben, und gerechter, die Strafe geduldig auszustehen, welche sie angeordnet haben. Denn, beim Hunde, schon lange, glaube ich wenigstens, wären diese Sehnen und Knochen in Megara oder bei den Böotiern durch die Vorstellung des Besseren in Bewegung gesetzt, hätte ich es nicht für gerechter und schöner gehalten, lieber, als daß ich fliehen und davongehen sollte, dem Staate die Strafe zu büßen, die er anordnet« (98c–99a).

Sokrates unterscheidet hier zwischen der eigentlichen Ursache, nämlich seiner willentlichen Entscheidung, sich dem Urteil zu beugen – obwohl eine Flucht durchaus möglich gewesen wäre –, und der notwendigen Bedingung, nämlich seiner physischen Existenz. Bei seiner Kritik an der älteren Philosophie verweist Sokrates auf eben diese Unterscheidung. Dies zu ignorieren, so meint er, führe zu den von ihm festgestellten, einander widersprechenden Bestimmungen von Ursache.

Die Auseinandersetzung mit der Philosophie des Anaxagoras bzw. die Einsicht in deren Defizite veranlassen Sokrates,

Auch Anaxagoras wurde der Asebie (Gottlosigkeit) angeklagt und verbannt. Diogenes Laertius (II, 10) berichtet: Als einer zu ihm sagte: »Du mußtest auf Athen verzichten«, erwiderte er: »Nein umgekehrt, Athen auf mich.«

sich von der Ursachensuche im Bereich der sinnlich wahrnehmbaren Dinge, die er zuvor der naturphilosophischen
Tradition entsprechend betrieben hatte, abzuwenden. Als Alternative erscheint ihm vielversprechend, die Gedanken selbst
in den Mittelpunkt der philosophischen Bemühungen zu stellen, um »in diesen das wahre Wesen der Dinge anzuschauen«
(99d f.). Er habe den jeweils stärksten, also den überzeugend-
sten Gedanken zugrunde gelegt und das damit Übereinstim-
mende als wahr angenommen. Als Erläuterung fügt Sokrates
hinzu: Ausgangspunkt sei für ihn die Annahme gewesen, daß
es »Ideen« von den Dingen gebe (102a), ein Schönes an und
für sich, ebenso wie ein gleichgeartetes Gutes, Großes und anderes (100b). Wenn nun beispielsweise etwas schön sei, so sei
die einzige Ursache dafür die Teilhabe an der Idee des Schönen; nur durch das Schöne selbst gerieten alle schönen Dinge
schön und ebenso die großen Dinge durch die Größe groß
und die kleinen durch die Kleinheit klein (100e). Auch das
vorher angeführte Problem des Zweiseins ist mit diesem Ansatz gelöst: Ursache für die Zwei ist weder Hinzufügung noch
Spaltung, sondern die Teilhabe an der Zweiheit (101c).

Was geschieht hier? Sokrates vollzieht den Schritt von den
materiellen, sinnlich wahrnehmbaren Ursachen hin zum Geist
als Ursache. Er stellt fest, daß die scheinbar äußeren und objektiven Ursachen in Wahrheit immer schon von uns gedachte Ursachen sind. Also ist es erforderlich, sich dem Denken
zuzuwenden. Wird eine solche Hinwendung nicht vollzogen,
bedeutet dies in letzter Konsequenz, daß die Welt in Einzel-
phänomene zerfällt, und ein Zusammenhang, eine Kausalität
zwischen den einzelnen Dingen nicht mehr festgestellt werden kann. Diese Position nahm in der vorsokratischen Philosophie Heraklit aus Ephesos (um 550–480) ein. Er geht davon
aus, daß alles fließt und nichts in beständigem Sein verharrt,

Und was Sokrates im ›Phaidon‹ Anaxagoras vorwirft, daß er bei den einzelnen Kausalerklärungen vom Geist keinen Gebrauch macht, sondern
nur materialistische Begründungen [gibt], das ist etwas, das in der physi-
kalischen Wissenschaft nun einmal am Platz ist.

Simplikios († 549 n. Ch.), ›Physica‹

ein Ansatz, den auch sein berühmter Satz, daß es unmöglich sei, zweimal in densel-
ben Fluß zu steigen, zum
Ausdruck bringt. Gegensätze
gehen ineinander über – »Kal-
tes wird warm, Warmes kühlt
sich ab, Feuchtes trocknet,
Trockenes wird feucht« (DK
22 B 126) – oder werden aus-
tauschbar – »Dasselbe ist: lebendig und tot und wach und
schlafend und jung und alt.
Denn dieses ist umschlagend
in jenes und jenes umschlagend in dieses« (DK 22 B 88).

Wenn nun aber in der sinnlich wahrnehmbaren Welt keine Beständigkeit zu finden
ist, muß diese im Geistigen
liegen. Ein Zeitgenosse Heraklits, Parmenides aus Elea in
Unteritalien (um 540–470),
hat diesen Gedanken mit äußerster Entschiedenheit vertreten. Erhalten blieben von
seinen Schriften allerdings
nur Fragmente eines Lehrge-
dichts, in dem er beschreibt,
wie er zum Thron der Göttin
aufsteigt, die ihn in die Geheimnisse des wahrhaft Seien-

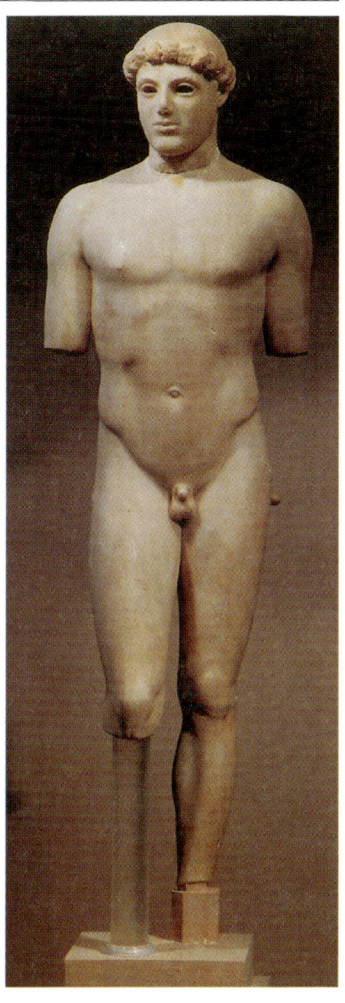

33 Nur wenige, aber bedeutende Än-
derungen zu dem älteren Menschen-
bild zeigen sich in der Plastik des um
480 v. Chr. entstandenen sogenannten
Kritios-Knaben. Das Gewicht des
Körpers ist nicht mehr gleichmäßig
verteilt, sondern ruht auf dem rechten Bein, wodurch eine grundsätzlich freiere Haltung vermittelt wird.

den einführt. Interpretierend läßt sich aus Parmenides' Darstellung erschließen, daß auch er die letzte Ursache, ähnlich wie der junge Sokrates des ›Phaidon‹, als eine immer schon gedachte aufgefaßt hat. Anders als Sokrates begreift er sie aber nicht als »Idee«, sondern als das von der sinnlich wahrnehmbaren Welt des Vielen vollständig getrennte »Eine«, das er mit dem Denken bzw. mit dem »Sein« identifiziert (DK 28 B 3). Dieses Sein wird nun dergestalt näher bestimmt, daß alles, was nicht in strengem Sinne »ist« bzw. sich selbst gleichbleibt, ausgeschlossen ist. Dies betrifft alles nur Werdende und Vergehende, also die gesamte uns zugängliche Welt der sinnlichen Erscheinungen, denn hier findet sich nichts, was diesen strengen Kriterien genügen könnte.

Die Reaktion des jungen Sokrates auf den hier vorliegenden Konflikt zwischen Parmenides und Heraklit, zwischen der Annahme einer von der Welt getrennten Letzturursache und einer ursachelosen Welt, in der die Gegensätze ineinander umschlagen, beschreibt Platon in seinem Dialog ›Parmenides‹. Daß das dort geschilderte Gespräch zwischen dem alten Parmenides und dem etwa zwanzigjährigen Sokrates tatsächlich stattfand, wird von der Forschung bezweifelt. Nimmt man jedoch die biographischen Hinweise im ›Phaidon‹ ernst, ist wohl unstrittig, daß sich Sokrates mit der Position des Parmenides intensiv auseinandersetzte.

Im Dialog wird berichtet, daß Parmenides und sein Schüler Zenon einst zu den großen Panathenäen, dem Fest der Stadtgöttin Athene, nach Athen gekommen seien. Dort waren sie Gäste im Haus des Pythodoros, wo sich viele Zuhörer, darunter auch Sokrates, eingefunden hatten, um einem Vortrag Zenons beizuwohnen. Dieser gehört in den Zusammenhang der oben skizzierten Auseinandersetzung zwischen Parmenides und Heraklit. Während Heraklit die Vielheit der Dinge zum

Zenon von Elea (um 490–um 430), Schüler und Nachfolger des Parmenides als Schulhaupt der Eleaten, ist vor allem für seine Paradoxien bekannt. Aristoteles (›Physik‹ 239b) überliefert das »Achill« genannte Argument: »Das Langsamste wird im Lauf niemals vom Schnellsten eingeholt werden; erst einmal muß doch das Verfolgende dahin kommen, von wo aus das Fliehende losgezogen war, mit der Folge, daß das Langsamere immer ein bißchen Vorsprung haben muß.«

Prinzip erhebt, gelangt Parmenides zu dem Schluß, daß man dieses Viele nicht widerspruchsfrei denken könne, daß es folglich nur Eines gebe. Den darauf folgenden Einwänden von Heraklits Schülern begegnet Zenon, indem er nachweist, daß es Vieles nicht geben könne. Die Auseinandersetzung ist in eine Sackgasse geraten; die Thesen von der Einheit und der Vielheit des Seienden stehen einander widersprechend gegenüber.

Im ›Parmenides‹ beschreibt Platon nun, wie der junge Sokrates auf diesen Konflikt mit der Entwicklung einer Theorie reagiert, um zwischen beiden Seiten zu vermitteln. Die von ihm in diesem Zusammenhang als »Lösung« angeführten Ideen, so Sokrates, sollten dem parmenideischen »Einen« entsprechen. Durch den Vorgang einer »Aufnahme« der Ideen in die jeweiligen Dinge würden diese zu dem, was sie seien, ein Tisch werde zum Beispiel zu einem Tisch durch die Aufnahme der Idee des Tisches, ein großer Tisch groß durch die Idee der Größe usw. Mittels dieses Ansatzes können die beiden Bereiche, die sinnlich erfahrbare Welt und die geistige, als für sich bestehende und doch miteinander verbundene gelten.

Der greise Parmenides lobt Sokrates' Eifer, beginnt dann aber damit, dessen Vorschlag zu überprüfen. Er weist zunächst nach, daß die Idee nicht, wie von Sokrates angenommen, im Ding erscheinen bzw. sein könne, ohne selbst Vieles zu werden. Dann aber wäre sie nicht mehr das Eine, das die Dinge konstituiert und erklärt, sondern es gäbe ebenso viele Ideen wie Dinge, und die sinnlich wahrnehmbare Welt würde sich sinnloserweise in einer geistigen Welt der Ideen verdoppeln. Die Idee kann aber auch nicht, wie daraufhin von Sokrates vorgeschlagen, ihren Ort im Denken haben, weil sie dort nur noch ein beliebig vereinbarer Begriff wäre und sich lediglich behaupteterweise auf dieses oder jenes Ding bezöge. Also

Wenn man aber sagt, die Ideen seien Vorbilder und das andere nehme an ihnen teil, so sind das leere Worte und poetische Metaphern. Denn was ist das werktätige Prinzip, welches im Hinblick auf die Ideen arbeitet? Es kann ja auch etwas einem anderen ähnlich sein oder werden, ohne diesem nachgebildet zu sein; also mag es nun einen Sokrates geben oder nicht, so kann es jemand geben wie Sokrates, und dasselbe gälte offenbar auch, wenn es einen ewigen Sokrates gäbe.

Aristoteles, ›Metaphysik‹ 991a

bleibt nur noch die Möglichkeit, eine von der äußeren Welt und dem Denken getrennte, eine absolute Idee anzunehmen. Die sich daraus ergebende Zweiweltenlehre führt aber, wie Parmenides erläutert, zu fatalen Konsequenzen. Die Ideen hätten nur noch Bezug untereinander und wären nicht mehr auf die sinnlich wahrnehmbaren Dinge bezogen. Die Erkenntnis dessen, was mit Gewißheit existiert und als wahr anzunehmen ist, und die Erkenntnis des einzelnen Gegenstands in der Welt der sinnlichen Erscheinungen fielen auseinander. Auch wenn sich die Ideen gegenseitig erkennen könnten, wäre den Menschen die Erkenntnis der Ideen, Begriffe und Gattungen verwehrt. Aus dieser Annahme ergibt sich des weiteren, daß auch Gott als Inbegriff des Geistigen von der Welt vollständig getrennt wäre. Gott, der zwar die genaueste Erkenntnis der Ideen besäße, wäre dann nicht fähig, die Welt zu erkennen, genau so, wie es den Menschen unmöglich wäre, etwas von Gott oder den Ideen zu erkennen.

An diesem Punkt ist die Theorie des jungen Sokrates vollständig zu Fall gebracht. Seine Lösung hat sich als ungeeignet erwiesen, die gesuchte Verbindung zwischen dem Vielen und dem Einen an die Hand zu geben. Entweder kommt es zu einer sinnlosen Verdoppelung des sinnlich Gegebenen oder zu einer vollständigen Trennung zwischen sinnlich Wahrnehmbarem und Geistigem.

Deshalb, so Parmenides, könne man versucht sein, zu behaupten, Ideen gebe es nicht, oder daß dieselben, wenn es sie gäbe, für den Menschen nicht erkennbar seien. Parmenides hält einer derartigen Schlußfolgerung aber zu Recht entgegen, daß man sich ohne Ideen nicht einmal miteinander unterhalten könnte (135c 1f.). Und tatsächlich: Ohne Ideen bzw. Begriffe können wir weder etwas benennen noch etwas denken. Alles, was wir wahrnehmen, wird uns erst zugänglich, wenn

Sind wir auf das Sichentziehende bezogen, dann sind wir auf dem Zug in das Sichentziehende, in die rätselvolle und darum wandelbare Nähe seines Anspruchs. Wenn ein Mensch eigens auf diesem Zug ist, dann denkt er, mag er noch so weit von dem Sichentziehenden entfernt sein, mag der Entzug wie auch immer verschleiert bleiben. Sokrates hat zeit seines Lebens, bis in seinen Tod hinein, nichts anderes getan, als sich in den Zugwind dieses Zuges zu stellen und sich darin zu halten. Darum ist er der

wir es mit einer Idee bzw. einem Begriff verknüpfen. Ein Baum, den wir nicht als »Baum« wahrnehmen, wäre nur noch eine zusammenhanglose Ansammlung von Farbflecken, Gerüchen und Geräuschen.

Auf die Frage, was Sokrates nun tun wolle, reagiert dieser ratlos. Parmenides fordert ihn auf, sich vor einer näheren Bestimmung der Ideen zunächst geistig zu üben. Die rechte Art der Übung, von Zenon bereits in seinem Vortrag vorgeführt, demonstriert – im zweiten Teil des Dialoges (135c ff.) – Parmenides noch einmal selbst. Ausgehend von bestimmten Annahmen – wie »wenn Eins *ist*«, »wenn *Eins* ist« und »wenn Eins nicht ist« – werden die sich daraus ergebenden Folgen hinsichtlich Ort, Zeit, Gestalt etc. abgeleitet. Das Ergebnis ist verwirrend: Wenn man »Eins *ist*« voraussetzt, also dem Einen Sein zuspricht, hat dieses Eins alles an sich, auch Entgegengesetztes und Widersprüchliches; setzt man dagegen strikt *Eins*, kann man davon nichts aussagen, ihm nicht einmal Sein zuschreiben.

Parmenides kehrt zu seinem ursprünglichen Standpunkt – dem Denken des Einen – zurück. Doch was ist das Ergebnis? Das Denken bleibt an seine Begriffe gekettet, ohne über sie hinauszugelangen. Die hier geschilderte Problematik kennzeichnet jegliche metaphysische Denkanstrengung: einerseits steht der menschliche Geist vor der Notwendigkeit, eine letzte Ursache anzunehmen, da sich bei einer endlos fortlaufenden Ursachenreihe Ursächlichkeit überhaupt auflösen würde – der sogenannte infinite Regreß –, andererseits entzieht sich diese letzte Ursache beständig dem rationalen Denken; Gott bleibt letztlich unerkennbar.

Sokrates wendet sich in späterer Zeit von den Fragen der Naturphilosophie und Eleatik ab und konzentriert sich auf die Tugenden im Gespräch mit seinen Mitbürgern. Dies tut er in

reinste Denker des Abendlandes. Deshalb hat er nichts geschrieben. Denn wer aus dem Denken zu schreiben beginnt, muß unweigerlich den Menschen gleichen, die vor allzu starkem Zugwind in den Windschatten flüchten. Es bleibt das Geheimnis einer noch verborgenen Geschichte, daß alle Denker des Abendlandes nach Sokrates, unbeschadet ihrer Größe, solche Flüchtlinge sein mußten.

Martin Heidegger (1889–1976), ›Was heißt Denken?‹

so hohem Maße, daß er kaum einmal aus den Mauern Athens herauskommt. Als der junge Phaidros sich darüber verwundert und ihn zu einem Spaziergang vor die Mauern der Stadt überredet, in dessen Verlauf sie sich schließlich an einem plätschernden Bach unter einer prächtig belaubten Platane niederlassen, erklärt ihm Sokrates seine Einstellung mit den Worten: »Ich bin eben lernbegierig, und Felder und Bäume wollen mich nichts lehren, wohl aber die Menschen in der Stadt. Du indes, dünkt mich, hast, um mich herauszulocken, das rechte Mittel gefunden. Denn wie sie mit vorgehaltenem Laub oder Getreide hungriges Vieh führen, so könntest du gewiß, wenn du mir solche Rollen mit Reden vorzeigtest, mich durch ganz Attika herumführen und wohin du sonst wolltest« (Platon, ›Phaidros‹ 230d–e).

34 Peter Paul Rubens (1577–1660), ›Der Triumph des Glaubens‹. Im christlichen Verständnis werden die Grenzen des metaphysischen Denkens durch den Glauben an das Mysterium der Menschwerdung Gottes überwunden. Die vorchristlichen Philosophen – hier Sokrates, Platon und Vergil – werden als Vorläufer des triumphierenden wahren Glaubens gesehen.

Der Mensch als Maß aller Dinge?

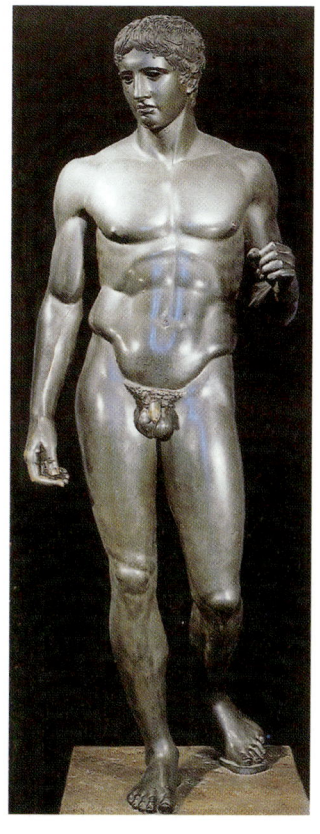

In Anbetracht der Schwierigkeiten, die Naturphilosophie und Denken des Parmenides mit sich bringen, stellt sich die Frage, welche Möglichkeiten für eine Klärung der Probleme im Zusammenhang mit der letzten Ursache überhaupt noch verbleiben. Wie stellen sich die zeitgenössischen Denker einerseits und Sokrates andererseits eine Lösung dieser grundsätzlichen Problematik vor?

Die sogenannten Sophisten wählen einen radikalen Weg. Protagoras aus Abdera (um 480–410), der bekannteste unter ihnen, prägte die als Kernsatz der Sophistik geltende Auffassung, den sogenannten Homo-Mensura-Satz: »Aller Dinge Maß ist der Mensch, der Seienden, daß sie sind, der Nichtseienden, daß sie nicht sind« (DK 80 B 1). Was bedeutet das? Nachdem die letzte Ursache weder als etwas sinnlich Wahrnehmbares noch als etwas Geistiges wi-

35 In der Statue des Speerträgers von Polyklet (tätig etwa 450–410) tritt die Darstellung gänzlich aus archaischer Befangenheit zugunsten eines Menschenbildes hinaus, das die vollkommene Verkörperung der menschlichen Vermögen bedeutet. Bewegung und Ruhe, Freiheit und Unterordnung verbinden sich zu einer dynamischen Einheit.

> Polyklet verfertigte zwei Bildwerke, das eine dem Geschmack der Menge entsprechend, das andere nach den Gesetzen der Kunst. Dem Geschmack der Leute trug er auf folgende Art Rechnung: Nach Wunsch eines jeden, der herbeikam, änderte er etwas und arbeitete das Werk um, jedem Hinweis folgend. Dann stellte er beide Werke aus. Die eine Statue wurde von allen gelobt, die andere ausgelacht. Daraufhin sagte Polyklet: »Diese hier, die ihr tadelt, habt ihr gemacht, dagegen die, die ihr bewundert, ich.«
>
> Älian, ›Bunte Geschichten‹ 14, 8

derspruchsfrei bestimmt werden konnte, scheint der Mensch auf sich selbst »zurückgeworfen«. Er ist es ja, der diese Ursachen gedacht hat. Er ist der Ursprung der Frage nach der letzten Ursache, und in dem Moment, in dem er dies erkennt, begreift er zugleich sich selbst als letzte Ursache.

Die Grundannahme, daß der Mensch das Maß aller Dinge sei, hat weitreichende erkenntnistheoretische, aber auch politische und gesellschaftliche Konsequenzen, insofern die tradierte Ordnung und Religion damit in Frage gestellt wird. Gorgias (um 485–410) aus dem sizilianischen Leontinoi, erstmals 427 als Mitglied einer Gesandtschaft nach Athen kommend, formuliert in seiner Schrift ›Über das Nichtseiende oder die Natur‹ drei berühmt gewordene Thesen, die wie eine spöttische Antwort auf die Theorie des Parmenides klingen: »Es ist nichts – wenn aber etwas wäre, so würde es unerkennbar sein – wenn auch etwas wäre und dieses erkennbar wäre, so wäre doch die Erkenntnis nicht mitteilbar« (DK 82 B 3). Im Gegensatz zu Parmenides, der von der Annahme ausgeht, daß es wahre Erkenntnis von dem einen, unwandelbaren Sein gibt und daß gelten muß: »Das Seiende ist, das Nichtseiende ist nicht«, vertritt Gorgias die Ansicht, daß sich über das logische Gegenteil des Seins, das Nichtsein, ebensogut Sätze bilden lassen wie über das Sein. Gemäß dieser Auffassung erscheint die Frage nach dem letzten Grund als unlösbares, als müßiges Problem.

Die **Sophisten** vermittelten Bildung im weitesten Sinne; im Mittelpunkt ihrer Lehre stand die Rhetorik, die Kunst der Rede, ein in der athenischen Demokratie unverzichtbares Rüstzeug zur Durchsetzung politischer Interessen. Sie stammten zumeist nicht aus Athen, wurden aber vom Reichtum und der intellektuellen Aufgeschlossenheit der Stadt in besonderer Weise angezogen, wo sie ihren Unterricht, sei es in Privathäusern oder auf öffentlichen Plätzen, gegen Bezahlung abhielten. Rückhalt fanden diese Wortmagier allerdings keineswegs bei allen gesellschaftlichen Gruppen.

In gleichem Sinne äußert sich auch Protagoras: »Über die Götter habe ich keine Möglichkeit zu wissen, weder daß sie sind, noch daß sie nicht sind« (DK 80 B 4). Die Existenz der Götter wird zwar nicht geleugnet, aber es wird erklärt, daß sie dem menschlichen Erkennen nicht zugänglich seien. Damit ist der Mensch auf sich selbst verwiesen. Als seine spezifische Aufgabe bleibt die Bewältigung der Lebenspraxis.

Dementsprechend liegen die eigentlichen Interessen der Sophisten im Bereich der Politik und betreffen insbesondere das Zusammenleben der Menschen. Ihre Lehre soll den Menschen tugendhafter, d. h. besser und tüchtiger machen. Tugend, im Griechischen *arete*, darf hier nicht im modernen Sinne als in erster Linie moralisches Verhalten verstanden werden, sondern meint im weitesten Sinne Lebenskompetenz, das Vermögen, mit den Gegebenheiten auf erfolgreiche Weise umzugehen.

Protagoras, der die Verfassung für die unter Perikles neugegründete unteritalienische Kolonie Thurioi entwarf, vertritt im platonischen Dialog ›Protagoras‹ die Auffassung, daß jeder Mensch bereits diese Lebenskompetenz besitze, allerdings sei sie im Zuge einer entsprechenden sophistischen Unterweisung erst »wachzurufen« (320c–322d).

Bei der Schaffung der Tiere und Menschen sei den Titanen Prometheus und Epimetheus die Aufgabe zugeteilt worden, die Geschöpfe mit natürlichen Anlagen zu versehen. Epimetheus überredet den Prometheus, ihm die Angelegenheit zu überlassen, und versieht die Tiere mit verschiedenen, die jeweiligen Vor- und Nachteile ausgleichenden Gaben – wie Kraft, Schnelligkeit, Anpassungsfähigkeit an die Umgebung –, die ihr Überleben ermöglichen. Den Menschen indes vergißt er bei der Verteilung völlig, so daß dieser nackt, unbeschuht, ungeschützt und unbewaffnet dasteht. Um den Mangel auszugleichen, stiehlt Prometheus »die kunstreiche Weisheit des

Wie erzählt wird, hat er [Protagoras] einst, als er von seinem Schüler Euathlos Bezahlung forderte und jener sagte: »Aber ich habe bis jetzt noch keinen Prozeß gewonnen«, erwidert: »Aber ich muß das Geld auf jeden Fall erhalten; denn siege ich, so gehört es mir, eben weil ich gesiegt habe, siegst aber du, dann deshalb, weil du gesiegt hast.«

Diogenes Laertius IX, 56

36   Hephaistos, Kopf einer bronzenen Kolossalstatue, um 324 v. Chr.

Hephaistos und der Athene, nebst dem Feuer«, also die zum Lebenserhalt notwendigen Techniken und Wissenschaften, die zugleich Kultur und Zivilisation ermöglichen.

Doch fehlt den Menschen die Fähigkeit zum Zusammenleben, und sie drohen wegen ihrer Feindschaft untereinander sich selbst auszurotten oder durch wilde Tiere ausgerottet zu werden. So erbarmt sich Zeus ihrer und schenkt ihnen diese Fähigkeit, indem er »Scham und Recht« (322c 2) bzw. die »politische Tugend« (323a 1) allen Menschen zukommen läßt. So verfügt nach Protagoras im Prinzip jeder Mensch über die Fähigkeit, richtig zu leben. Politisch ergibt sich daraus die Forderung

37   Neben Athene, ihrer Schutzgöttin, verehrten die Athener auch Hephaistos, den Gott des Handwerks, in besonderem Maße. Im Hephaiston, einem Tempel in der Nähe der Agora, errichtete man beiden Gottheiten ein großes Heiligtum.

Thukydides über den Zusammenhang von sophistischer Redekunst und Politik: »Später wurde ja, kann man sagen, ganz Hellas von einem Taumel ergriffen, und in jeder Stadt bildeten sich feindliche Parteien: die Führer der Volkspartei begünstigten Athen, die Oligarchen Lakedämon. ... Auch die übliche Bedeutung der Begriffe und Bezeichnungen wurde je nach den Umständen abgeändert: Tollkühnheit hieß jetzt opfermutiges Eintreten für die Freunde, weise Zurückhaltung hieß verkleidete Feigheit, wer Maß hielt, galt für weibisch, wer grundsätzlich die Vernunft zu Rate zog, für grundsätzlich faul und bequem, aber wer sinnlos dreinschlug, war ein echter Mann. Wenn man einen Plan vorsichtig durchdenken wollte, wurde einem vorgeworfen, man wolle ihn unter einem guten Vorwand ablehnen ... Schuld an allem aber war die Herrschsucht, die nur nach Macht und Ehre dürstete. Daraus entsprang die Leidenschaftlichkeit, mit der die Streitigkeiten ausgefochten wurden. Die zur Führerstellung Gelangten führten die schönsten Worte im Mund, die einen sprachen von der politischen Gleichberechtigung aller Bürger, die anderen von der maßvollen Herrschaft der Edelsten; aber in Wahrheit war ihnen das Gemeinwohl nur eine Zielscheibe des persönlichen Eigennutzes ... Diejenigen Bürger aber, die sich unparteiisch verhielten, wurden von beiden Parteien um alles gebracht, entweder, weil sie ihre Mithilfe versagten oder weil man ihnen das Leben in Ruhe nicht gönnte.«

Thukydides, ›Peloponnesischer Krieg‹ III, 82

nach einer demokratischen Regierungsform: Wer über politische Tugend und Kompetenz verfügt, hat auch das Recht und die Pflicht, an der politischen Willensbildung teilzunehmen und sich beispielsweise in der Ratsversammlung hinsichtlich dessen zu äußern, was er im Sinne des Gemeinwohls für richtig hält.

Diese moderate Haltung, auf Ausgleich und gemeinsamen Nutzen der Staatsbürger zielend, radikalisiert die jüngere Sophistengeneration. Wenn der Mensch das Maß aller Dinge ist, gibt es keinen äußeren, objektiven Maßstab mehr, sondern nur noch die jeweilige subjektive Meinung. Auch Gesetz und Religion erscheinen in solcher Perpektive als menschliche »Setzungen« bzw. Erfindungen. Es entsteht, auch durch die

Wär' gut und klug für jedermann dasselbe,
Dann gäb' es keinen Streit auf dieser Welt.
Doch sind, was stimmt und gleich ist bei den Menschen,
Nur Worte: die Begriffe sind verschieden.

Euripides, ›Die Phönikerinnen‹ 499ff. (Worte des Eteokles)

Ich glaube, wenn jemand alle Menschen auffordern würde, das Unschickliche an einem Punkt zusammenzutragen – was die einzelnen dafür halten – und wiederum aus dieser Gesamtmasse das Schickliche herauszunehmen – was wieder die einzelnen so ansehen –, so würde auch nicht ein Stück übrigbleiben, sondern alle würden alles unter sich aufteilen.

Fragment 90, 2

zunehmenden Kenntnisse fremder, von den eigenen Rechtsordnungen abweichender Gesetze, das Bewußtsein eines Gegensatzes zwischen Natur und Gesetz – zwischen »Physis« und »Nomos«. So sagt Hippias von Elis: »Das Gesetz aber, welches ein Tyrann der Menschen ist, erzwingt vieles gegen die Natur« (›Protagoras‹ 337c–d). Damit ist der Weg frei zu einer Negierung des Rechts und der Religion als eines Instruments der Schwachen und zur Befürwortung des »Rechts des Stärkeren«, wie sie etwa von Kallikles und Thrasymachos vollzogen wird. Die Religion gilt nun als menschliche Erfindung, als bloßes Instrument, das durch inneren statt durch äußeren Zwang wirke. Kritias schreibt: »Als … die Gesetze verhinderten, daß man offen Gewalttaten verübte, und daher nur insgeheim gefrevelt wurde, da scheint mir ein schlauer Kopf die Furcht vor den Göttern für die Menschen erfunden zu haben, damit die Übeltäter sich fürchteten, auch wenn sie insgeheim etwas Böses täten oder sagten oder dachten« (DK 88 B 25).

Die sophistische Aufklärung führte zu einem tiefgreifenden Bewußtseinswandel in der bis dahin von der Tradition geprägten athenischen Gesellschaft. Im Zuge der Etablierung demokratischer Prinzipien und einer die Bedeutung des einzelnen stärker in den Vordergrund rückenden Haltung gewinnen die Bürger neue Freiheiten, etwa im Hinblick auf die überkommene Ständeordnung oder das geistige Leben. Doch barg dieser Zugewinn an Freiheit zugleich die Gefahr der Auflösung

Platons ›Symposion‹ und die Knabenliebe: Der Dialog ›Symposion‹ muß vor dem Hintergrund der in der griechischen Antike geläufigen homosexuellen Beziehungen gesehen werden. Die Knabenliebe (Päderastie), die gleichgeschlechtliche Beziehung von älteren zu jüngeren Männern oder Knaben, war im Alten Griechenland weit verbreitet; sie fand öffentliche Duldung und Förderung, ja Heiligung. Am ausgeprägtesten war sie bei den Dorern, wo sie mit dem Soldatentum und der Organisation der Gesellschaft verknüpft war. Ethisches und sinnliches Moment standen gleichberechtigt nebeneinander.

38 Statuette des
fliegenden Eros,
zweite Hälfte des
2. Jahrhunderts
v. Chr.

jeglicher Ordnung, da die Erkennbarkeit eines objektiven Ma-
ßes und der letzten Ursache geleugnet wurde.

Welche Konsequenzen zieht nun Sokrates aus seinem bisherigen Scheitern in der Suche nach der letzten Ursache? Und
wie reagiert er auf die von den Sophisten bezogenen Positionen? Eine Antwort auf diese Frage findet sich im platonischen ›Symposion‹, einem Bericht über die Reden zum Lobe
von Eros, dem Gott der Liebe, die 416 bei einem Gastmahl im
Hause des Tragödiendichters Agathon gehalten wurden. Doch
ist die Liebe überhaupt ein philosophisches Thema? Wie sich

Auf Kreta pflegte der Liebhaber den
Knaben mit Duldung der Familie zu
rauben, um ihn zwei Monate lang in
den militärischen Künsten zu unter-
weisen; keinen Liebhaber zu haben,
galt als Schande. In Sparta war der
Liebhaber der gesetzliche Vormund
des Knaben. In Attika wurde die
Knabenliebe mit Sportstätten wie
Palästra und Gymnasium verbunden; Vasenbilder schildern das
Liebeswerben der Männer um die
Knaben, allein die gewerbsmäßige
Unzucht wurde abgelehnt. Als das
beste Alter für einen Geliebten
galten 16 Jahre.

zeigen wird, spiegelt sich in den Reden der Teilnehmer des Gastmahls eine Haltung zu sich selbst, die sich von derjenigen des Sokrates fundamental unterscheidet.

Der junge Phaidros hält die erste Rede und preist Eros als einen der ältesten Götter und Urheber der größten Güter. Er bewirke Scham vor dem Schändlichen und Streben nach dem Schönen, sei also Stifter der Tugend und Glückseligkeit. Pausanias hingegen kritisiert Phaidros, da dieser nicht zwischen einem gemeinen und einem himmlischen Eros unterschieden habe. Ersterer sei mehr auf den Leib als auf die Seele ausgerichtet, während letzterer durch die auf Dauer angelegte Knabenliebe zu Tugend und Weisheit führe. Auch Verhaltensweisen, die sonst als schändlich gelten, seien durch diese Art der Liebe gerechtfertigt. Der Arzt Eryximachos, der die Unterscheidung zwischen einem gemeinen und einem himmlischen Eros übernimmt, sieht im Wirken des Eros ein kosmisches Prinzip verwirklicht, das sich nicht nur auf den Menschen beschränkt, sondern die gesamte irdische und göttliche Sphäre durchwaltet.

Im folgenden entwickeln der Komödiendichter Aristophanes und der Gastgeber Agathon, wie nach ihrer Ansicht das Wirken des Eros in qualitativer Hinsicht näher zu bestimmen ist. Aristophanes erzählt, daß die Menschen ursprünglich als doppelgeschlechtliche Wesen (Mann-Mann, Mann-Frau, Frau-Frau) angelegt und den jetzigen Menschen an Geist und Kraft weit überlegen gewesen seien. Sie hätten aufgrund ihrer Vollkommenheit jedoch die Macht der Götter gefährdet und seien deshalb zur Strafe in jeweils zwei Hälften geteilt worden. Die Liebe sei nun das Bestreben, durch Auffinden der ursprünglich zugehörigen anderen Hälfte den alten, nahezu göttlichen

Älian berichtet, daß Agathon Archelaos auf die Frage, warum er seinen Liebhaber Pausanias so schlecht behandle, erwiderte: »Das werde ich dir sagen, mein König ... Ich bin nämlich weder launisch ihm gegenüber, noch handle ich aus Grobheit so. Doch wenn ich etwas Menschenkenntnis besitze, unter anderem aus der Dichtung, so finde ich, daß es für Verliebte nichts Süßeres gibt, als sich nach einem Streit wieder mit dem Geliebten zu versöhnen. Ja, ich bin überzeugt, daß ihnen nichts anderes soviel Freude macht. Also gönne ich Pausanias häufig dieses Vergnügen, wenn ich mit ihm streite. Denn jedesmal, wenn ich mich mit ihm versöhne, freut er sich. Wäre ich aber gleichmäßig freundlich zu ihm, würde er den Unterschied gar nicht kennenlernen.«

›Bunte Geschichten‹ 2, 21

Zustand wiederherzustellen. Agathon wiederum lobt Eros als den jüngsten und schönsten Gott, der im Besitz aller Tugenden, der Gerechtigkeit, Besonnenheit, Tapferkeit und Weisheit sei. Er herrsche über alle anderen Götter und verfüge über alle Güter. Damit hat die Verherrlichung des Eros einen kaum zu überbietenden Höhepunkt erreicht.

Nun kommt die Reihe an Sokrates (198a ff.), der aufgrund der bisherigen Ausführungen, die sämtlich lobender Natur waren, davon ausgeht, daß es wohl ein Fehler war, ebenfalls über dieses Thema sprechen zu wollen. Denn anscheinend komme es lediglich darauf an, dem Eros soviel Gutes wie möglich zuzuschreiben, nicht aber darauf, die Wahrheit zu sagen. Von den anderen aufgefordert, trotzdem zu sprechen, wendet er sich zunächst an Agathon und legt dar, daß die Liebe, da sie immer etwas begehre, da sie immer Liebe zu etwas sei, notwendig auch selbst bedürftig sei; sie könne also nicht, wie von Agathon behauptet, schön und vollkommen sein, sondern bedürfe vielmehr noch des Schönen und Guten. Mit dieser grundsätzlichen Überlegung ist nicht nur Agathons Beschreibung des Eros, sondern auch die aller anderen Vor-

39 Sokrates und Diotima, Bronzerelief aus Pompeji, 1. Jahrhundert v. Chr.

redner fundamental in Frage gestellt. Allen gemeinsam war die Annahme der Liebe als etwas Vollkommenem – als Besitz von Tugend und Glück.

Sokrates gibt zu, einst in gleicher Weise gedacht zu haben (201e), doch sei er von der Priesterin Diotima aus Mantinea in Arkadien eines Besseren belehrt worden. Eros, so habe ihm diese erläutert, sei weder schön noch gut, allerdings auch nicht häßlich und schlecht. Er sei somit zwar kein Gott, wohl aber ein großer Dämon, ein Mittler zwischen Gott und den Menschen. Die Eltern des Eros seien Poros, der Weg, und Penia, die Armut; von der Mutter her sei er rauh, unansehnlich, unbeschuht und ohne Behausung, vom Vater her immer auf der Jagd nach dem Guten und Schönen, sein ganzes Leben lang philosophierend. Nun verhalte es sich aber offenkundig so, daß weder ein Gott philosophiere, denn dieser sei bereits weise, noch ein Unverständiger, insofern sich Unverstand gerade darin zeige, daß man meine, bereits weise zu sein. Eros aber, die Liebe zur Schönheit und Weisheit, finde sich zwischen Weisheit und Unverstand. Er, Sokrates, erblicke, so habe ihm Diotima seinen damaligen Irrtum auf den Punkt gebracht, in der Liebe bereits das Geliebte, während diese doch tatsächlich nichts anderes als ein begehrendes Moment sei (204c). Der Begriff der Liebe im eigentlichen Sinne umfasse alle Arten des Strebens nach dem Schönen und Guten, durch dessen Besitz man glückselig werde. Die Liebe suche weder die andere Hälfte, ein Ganzes, noch überhaupt etwas Ihriges, sondern immer nur das Gute: »So daß es nichts gibt, was die Menschen lieben, als das Gute« (205e–206a). Sodann verspricht Diotima, Sokrates auch in die höchsten Geheimnisse der Liebe einzuweihen (209e). Sie beschreibt ihm einen Aufstieg in der Liebe, den gedanklichen Stufenweg einer Suche nach dem einen Schönen, das aller konkreten Schönheit zugrunde liegt und diese erzeugt.

Habt ihr wohl, meine vortrefflichen Tischgenossen, darauf acht gegeben, … daß Platon bei seiner Beschreibung des Eros diesen genau dem Vorbilde und dem Lebenswandel des Sokrates entsprechend geschildert hat? Es ist gerade, als wollte er zum Ausdruck bringen, daß der wahre Eros und Sokrates einander überaus ähnlich seien, und daß darum Sokrates vor allen andern als der wahre Liebende zu gelten habe.
Marsilio Ficino (1433–1499), ›Über die Liebe oder Platons Gastmahl‹ VII, 2

Der Liebende beginnt mit der Zuwendung zum sinnlich erfahrbaren Einzelnen, mit der Liebe zu schönen Körpern. Er wendet sich zunächst einem Geliebten zu, stellt in der Folge jedoch fest, daß sich Schönheit nicht nur in einem, sondern in vielen Körpern findet; das Interesse verlagert sich von der konkreten sinnlichen Erscheinung hin zum Allgemeinen. Damit vollzieht sich nicht nur ein quantitativer, sondern zugleich ein qualitativer Fortschritt vom Sinnlichen hin zum Geistigen.

Dementsprechend liebt der Aufsteigende auf der zweiten Stufe das Schöne in der Seele, in den Bestrebungen und den Sitten, auch hier wieder zunächst in einem Geliebten, dann in vielen Menschen. Mit der dritten Stufe, der Liebe zu den Wissenschaften, wird gänzlich von der Bindung der Liebe an ein konkretes Gegenüber, an einen bestimmten Menschen oder eine bestimmte Bestrebung, abstrahiert. Hier, auf der Ebene des wissenschaftlichen Eros, ist die letztlich egoistische Hinwendung zu einem Geliebten als Mittel für die Befriedigung eigener Zwecke, wie dies in den Reden vor Sokrates beschrieben worden war, nicht mehr möglich.

Am Ende des Weges steht die Schau des Schönen selbst. Dieses wird beschrieben als ewig und seinem Wesen nach unwandelbar, also als ein immer und in jeder erdenklichen Beziehung Schönes. Die Erkenntnis dieses Schönen sei mit nichts vergleichbar, weder mit der Vorstellung von einer Gestalt noch mit einer Erkenntnis, die sich in Worte fassen ließe. Von diesem Punkt an werde das Leben überhaupt erst lebenswert, denn alles bisher geschaute Schöne sei demgegenüber nur von geringem Wert. Erst diese Schau mache wahre Tugend möglich, weil nur dort das Wahre berührt werde. Um dieses Ziel zu erreichen, sei Eros der geeignete Helfer und dies auch der Grund, weshalb er zu verehren sei.

Vielleicht könnte ich dir [Kritobulos] aber auch bei der Jagd auf die Tüchtigen und Guten ein wenig helfen, weil ich mich auf die Liebe verstehe. Denn gar gewaltig bin ich bei Menschen, nach denen ich verlange, ganz und gar bemüht, wenn ich sie liebe, wiederum auch von ihnen geliebt zu werden, und wenn ich nach ihnen begehre, daß sie wiederum auch nach mir begehren, und wenn ich mit ihnen zusammensein will, daß sie wiederum auch das Zusammensein mit mir wünschen.

Xenophon, ›Memorabilia‹ II, 6, 28

40 Gustav Adolph Spangenberg (1828–1891), ›Die Philosophie: Sokrates und
seine Schüler‹ (1883/88), aus dem Zyklus ›Die vier Jahreszeiten‹

Damit ist die von Sokrates referierte Belehrung durch Diotima, in der sie nicht nur ein neues Verständnis der Liebe, sondern auch einen Weg des Strebens zum Schönen und Guten
entwickelt, abgeschlossen. Doch unsere Frage bei der Betrachtung des ›Symposions‹ betraf die geistige Entwicklung des Sokrates. Es war die Frage, wie er auf den gescheiterten Versuch,
die letzte Ursache widerspruchsfrei zu bestimmen, reagiert und
wie sich sein Denken zu den sophistischen Antworten der damaligen Zeit verhält. Wer Eros als Gott preist, als Inbegriff von
Tugend und Güte, meint letztlich sich selbst, wie es besonders
in den Reden von Aristophanes und Agathon deutlich wird. Bei

Sokrates: Ich kann noch immer nicht nach dem Delphischen Spruch mich
selbst erkennen. Lächerlich also kommt es mir vor, solange ich hierin
noch unwissend bin, an andere Dinge zu denken … denke nicht an diese
Dinge, sondern an mich selbst, ob ich etwa ein Ungeheuer bin, noch ver-
schlungener gebildet und ungestümer als Typhon, oder ein milderes ein-
facheres Wesen, das sich seines göttlichen und edlen Teiles von Natur erfreut.

Platon, ›Phaidros‹ 229e–230a

Agathon erscheint Eros geradezu als allmächtig, doch was heißt das anderes, als daß das eigene Begehren über alles andere herrschen soll? In den Reden über die Liebe zeigt sich deutlich die Gemeinsamkeit mit der Sophistik, wie sie insbesondere bei Protagoras in dessen Homo-Mensura-Satz zum Ausdruck kam: Der Mensch soll das Maß aller Dinge sein – er tritt an die Stelle eines objektiven Guten, an die Stelle der Götter.

Sokrates widerlegt diese Auffassung: Die Liebe ist für ihn nicht bereits das Gute, sondern bedeutet vielmehr die Suche nach dem Guten. Damit bricht Sokrates radikal mit der selbstbezogenen Haltung jener, die das Ich bzw. das Streben nach der Befriedigung der eigenen Bedürfnisse gemäß dem unterstellten Wissen vom eigenen Nutzen zur letzten Ursache und zum Ziel erklären. Der Mensch sei, wie Sokrates darlegt, der Erkenntnis des Guten bedürftig. Die Liebe ist demnach nicht als passiver Zustand zu begreifen, in dem einem Wohltaten zuteil werden, sondern als aktiver Prozeß der Suche. Diotima beschreibt diesen Prozeß als Stufenweg: bei der sinnlichen Schönheit beginnend, über zunehmend allgemeinere und geistige Zwischenstufen voranschreitend und schließlich bei der Schau des Schönen selbst endend.

Inwiefern stellt diese sokratische Auffassung des Eros eine Reaktion auf das Scheitern des Gesprächs mit Parmenides dar? Wie bei den Sophisten vollzieht sich auch bei Sokrates eine Rückwendung zum Menschen. Doch während die Sophisten auf die Bestimmung einer letzten, objektiven Ursache letztlich verzichten und statt dessen den Menschen zum allein gültigen Maßstab erklären, hält Sokrates an der Suche nach dieser letzten Ursache fest. Dem von Diotima festgestellten Sachverhalt, daß die Menschen immer nach dem Guten und dem Glück streben, würden auch die Sophisten zustimmen. Gehen Denker wie Protagoras davon aus, daß der Mensch sein Gutes so-

---

Ich weiß für des Sokrates Zeugnis von seiner Unwissenheit kein ehrwürdiger Siegel und zugleich keinen besseren Schlüssel als den Orakelspruch des grossen Lehrers der Heyden [Paulus]: »... So jemand sich dünken läßt, er wisse etwas, der weiß noch nichts, wie er wissen soll. So aber jemand Gott liebt, der wird von ihm erkannt« (1 Korinther VIII).
Johann Georg Hamann (1730–1788), ›Sokratische Denkwürdigkeiten‹

41   Anselm Feuerbach (1829–1880) zeigt das platonische ›Symposion‹ als ein
Aufeinandertreffen der entgegengesetzten Kräfte des Apollinischen und
Dionysischen. Während rechts die Anwesenden um Sokrates tief in das
Gespräch versunken sind, betritt von links der von Tänzerinnen begleitete,
berauschte Alkibiades mit großer Geste den Saal. Mittler zwischen beiden
Gruppen ist der bekränzte Tragödiendichter Agathon, der Alkibiades will-
kommen heißt. Kolorierter Holzstich von Forberg nach der ersten Fassung
von 1869.

zusagen »von Natur aus« kennt, daß diese Erkenntnis mithin
immer schon vorauszusetzen ist, verweist Sokrates auf die Notwendigkeit einer Suche nach dem objektiven Guten. Die Frage
nach der Ursache und der »Idee« wird nicht aufgegeben, erhält aber eine neue Ausrichtung. Gesucht wird nun weder eine
äußere materielle Ursache noch ein formales geistiges Prinzip,
sondern die Erkenntnis des Guten, desjenigen, was als letztes
Ziel von allen Menschen angestrebt wird, insofern nur durch
diese Erkenntnis wirkliches Glück möglich ist.

Seit Sokrates kehrt der griechische Mensch dem Universum den Rücken,
das Gesicht aber sich selber zu. Der griechische Geist wendet sich im Verlauf einer einzigen Generation um hundertachtzig Grad. Die Geschichte
kennt kein zweites Beispiel dieser Art. Das überspannte Ganzheitsstreben
legt die wunderbare Wißbegier der Griechen lahm. Von nun an hört man,
wenn in Griechenland das Wort Wissenschaft fällt, in erster Linie die Bedeutung »Ethik« heraus.

José Ortega y Gasset (1883–1955), ›Griechische Ethik‹

Sokrates hat an diesem Philosophieverständnis sein Leben lang festgehalten. Die Liebe zur Weisheit ist aber immer auch Liebe zu anderen Menschen. Immer wieder ist die Rede von Sokrates' Liebe zu schönen Jünglingen, und Liebe und Freundschaft werden zum Gegenstand mancher Gespräche, besonders ausführlich in den platonischen Dialogen ›Phaidros‹ und ›Lysis‹. Sokrates' Rolle als Liebender findet sich aber auch im ›Symposion‹ thematisiert, und zwar in der Rede des trunkenen Alkibiades, der gekommen ist, um Agathon nach seinem Sieg im Tragödienwettbewerb zu bekränzen. Aufgefordert, ebenfalls zum Lobe des Eros zu sprechen, weigert sich Alkibiades zunächst, läßt sich dann aber doch überreden – allerdings ist sein Gegenstand nicht Eros, sondern Sokrates. Die nun folgende Rede spiegelt das zwiespältige Verhältnis des hochbegabten jungen Politikers zu dem älteren Philosophen, aber auch zu sich selbst wider, das Zerrissensein zwischen dem Wunsch, sich den Staat – und letztlich die ganze Welt – untertan zu machen und der von seiten der Philosophie erfolgenden Aufforderung zur Selbstprüfung und zur Suche nach dem Guten, wie ihm dies in der Person des Sokrates entgegentritt.

Alkibiades vergleicht Sokrates mit einem Silen. Wiewohl das Äußere abstoßend wirke, vermöge Sokrates doch, einen Menschen durch seine Reden bis ins Innerste zu ergreifen. Er sei in Unruhe und Unwillen geraten, weil er festgestellt habe, daß er – der doch über alle äußeren Vorzüge und Gaben verfügt – sich in einem knechtischen Zustand befinde. Nur Sokrates habe er eingestehen müssen, trotz noch ungenügender Kenntnisse die Politik des Staates bestimmen zu wollen. Und nur vor Sokrates schäme er sich, daß er dessen Rat, nach Erkenntnis zu streben, nicht folge, sondern, von den Ehrenbezeugungen des Volkes geschmeichelt, zu politischer Verantwortung dränge.

> Die Ironischen, die sich in der Rede kleiner machen, geben sich als Leute von feinerer Sitte. Denn sie scheinen sich nicht aus Gewinnsucht solcher Rede zu bedienen, sondern um alle Aufgeblasenheit zu vermeiden. Am liebsten verleugnen sie, was ihnen große Ehre macht, wie auch Sokrates zu tun pflegte.
>
> *Aristoteles, ›Nikomachische Ethik‹ 1127b*

An einen Silen erinnere auch das Verhalten des Sokrates, seine Verliebtheit in die Jünglinge und das Eingeständnis seiner Unwissenheit. Doch dies sei alles Verstellung, Ironie; inwendig sei Sokrates voller Weisheit und Besonnenheit und interessiere sich nicht für äußere Schönheit oder andere gepriesene Güter. Auch er selbst sei auf diese Verstellungskünste hereingefallen: »Da ich nun glaubte, daß er sich ernstlich Mühe gäbe um meine Schönheit, hielt ich das für einen herrlichen Fund und für ein überaus glückliches Ereignis, weil es nun in meiner Gewalt stände, wenn ich mich dem Sokrates gefällig erwiese, alles zu hören, was er wüßte« (217a). Um die Entscheidung herbeizuzwingen, habe er Sokrates eingeladen und nach dem Essen genötigt, bei ihm auf einem gemeinsamen Lager zu übernachten. Doch das Angebot in Wort und Tat sei nicht angenommen worden, statt dessen habe Sokrates ihm vorgehalten, ihn übervorteilen zu wollen, denn Alkibiades habe in ihm offensichtlich eine Wohlgestalt entdeckt, die seine – des Alkibiades – weit übertreffe. Sokrates, so mußte Alkibiades feststellen, zeigte sich gänzlich unbeeindruckt von den körperlichen Reizen des Jünglings. Wie in dem von Diotima vorgestellten Aufstiegsmodell geht es Sokrates letztlich nur um die geistige Schönheit – eine Schönheit, die zu erringen Alkibiades sich scheut.

Warum huldigst du, heiliger Sokrates,
Diesem Jünglinge stets? kennest Größers nicht?
Warum sieht mit Liebe,
Wie auf Götter, dein Aug auf ihn?
Wer das Tiefste gedacht, liebt das Lebendigste,
Hohe Jugend versteht, wer in die Welt geblickt
Und es neigen die Weisen
Oft am Ende zu Schönem sich.
Friedrich Hölderlin (1770–1843), ›Sokrates und Alcibiades‹

Der sokratische Dialog

Im Rahmen der bisherigen Ausführungen wurde deutlich, warum sich Sokrates von der älteren Philosophie abwendet und der Naturphilosophie ebenso wie der Sophistik distanziert und kritisch gegenübersteht. Als Sokrates wie die Naturphilosophen nach einer »objektiven« Ursache suchte, um die letzte Ursache alles Seienden zu finden, meinte er, wie seine Kritik an Anaxagoras zeigt, daß diese Ursache ihm nicht nur mechanistische Kausalzusammenhänge nennen, sondern erklären würde, wie alles nach dem Maßstab des Besten geordnet sei: Warum es also für die Dinge gut ist, daß sie eben so und nicht anders sind.

Als er, ähnlich den Eleaten, versuchte, die Ursache als ein allem Materiellen zugrundeliegendes Geistiges zu begreifen und die Ideen als vermittelndes Moment zwischen dem Vielen und dem Einen, dem Sinnlichen und dem Geistigen faßte, mußte er sich von Parmenides belehren lassen, daß das hierzu vorauszusetzende Teilhabeverhältnis von Idee und Ding nicht widerspruchsfrei gedacht werden könne. Demnach sei das, was als geistige Ursache in Anschlag gebracht wurde, nur als etwas von der Welt des sinnlich Wahrgenommenen Getrenntes zu begreifen.

Als Sokrates schließlich wie die Sophisten noch weiter in den Denkvoraussetzungen zurückging und feststellte, daß hinter dem Denken bzw. dem Geist das Subjekt, das Ich steht, das denkt, und daß es statt auf unfruchtbare Spekulationen über die Ursache und das Sein auf die Tugend bzw. Tauglichkeit, also kurz gesagt auf das richtige Leben des Menschen

---

Nun, Sokrates glaubte einmal, das Studium der Physik sei nichts für den Menschen, der Mensch sei kein Gott, die Welt zu verstehen, der Mensch wisse bloß, daß er nichts wisse, was er unter dieser tristen Vorbedingung trotzdem unternehmen könne, nämlich richtig zu leben, sei seine Angelegenheit, stelle seine eigentliche Philosophie dar.

Friedrich Dürrenmatt (1921–1990), ›Turmbau‹ (Stoffe IV–IX)

ankomme, meinte er nicht, wie seine Auffassung der Liebe als eines in sich Mangelhaften und Bedürftigen im ›Symposion‹ zeigt, daß der Mensch das sein Leben anleitende Gute im Prinzip schon hätte und deshalb zum »Maß aller Dinge« werden könnte, sondern daß er es vielmehr erst noch erwerben müsse. Nach einer intensiven Beschäftigung mit den verschiedenen Positionen und Bewußtseinsstufen will er sich nicht damit begnügen, das im Begriff der »Tugend« gefaßte Gute, das als wahre Ursache hinter allen Dingen steht, wie die Sophisten einfach als bekannt vorauszusetzen. Im Gegensatz zu diesen verwirft er die Frage nach der letzten Ursache nicht als unbeantwortbar, sondern untersucht sie unter der Perspektive, was das Gute ausmacht.

42   Von einem Podest zu seinem Publikum sprechender Sophist

Nach diesem Nachvollzug von Sokrates' geistiger Entwicklung, die sich in Abgrenzung zu sämtlichen, in seiner Zeit vorherrschenden philosophischen Denkansätzen vollzieht, stellt sich die Frage nach den Konsequenzen im Hinblick auf das sokratische Philosophieren. Wie betreibt er nun Philosophie? Ein weiteres Mal geben die platonischen Dialoge hier Aufschluß, und zwar insbesondere jene, in denen sich Sokra-

Die wichtigste Epoche der griechischen Philosophie hebt endlich mit dem Sokrates an. Denn er war es, welcher dem philosophischen Geiste und allen spekulativen Köpfen eine ganz neue praktische Richtung gab. Auch ist er fast unter allen Menschen der einzige gewesen, dessen Verhalten der Idee eines Weisen am nächsten kommt.

Immanuel Kant (1724–1804),
›Logik‹ (Einleitung, IV. Kurzer Abriß
einer Geschichte der Philosophie)

tes mit der Bestimmung der Tugend und des Guten auseinandersetzt.

Vor allem im ›Menon‹ treten die kennzeichnenden Merkmale der sokratischen Gesprächskunst besonders anschaulich hervor. Dem ersten Anschein nach geht es in diesem Dialog um die Lehrbarkeit der Tugend, tatsächlich aber steht die Frage im Mittelpunkt, ob jemand überhaupt über die Tugend sprechen kann, bevor er erkannt hat, was Tugend ist. Menon,

43 Karikatur eines diskutierenden Sophisten

ein junger Schüler des Sophisten Gorgias, fragt:»Kannst du mir wohl sagen, Sokrates, ob die Tugend gelehrt werden kann? Oder ob nicht gelehrt, sondern geübt? Oder ob sie weder angeübt noch angelernt werden kann, sondern von Natur aus den Menschen einwohnt, oder auf irgendeine andere Art?« (70a). Sokrates geht zunächst nicht weiter auf die Frage ein, sondern lobt die Weisheit der Menschen aus Thessalien – woher Menon stammt –, während er für Athen eine »Dürre an Weisheit« konstatiert, da man in dieser Stadt noch nicht einmal die Frage zu beantworten wisse, was denn die Tugend an sich selbst sei, geschweige denn, daß man über ihre Lehrbarkeit zu urteilen vermöge. Schon hier, zu Beginn des Dialogs, wird eine grundsätzlich andere Herangehensweise der beiden Gesprächspartner deutlich. Menons Frage setzt das Wissen, was Tugend ist, voraus, er fragt nach den Eigenschaften der Tugend, zum Beispiel ob sie erlernbar sei. Sokrates

Sokrates selbst aber unterhielt sich immer über die menschlichen Dinge und untersuchte, was (seinem Wesen nach) fromm und was gottlos, was schön und häßlich, was gerecht und ungerecht ist, was Besonnenheit und was Torheit ist, was Tapferkeit und was Feigheit ist, was ein Staat und ein Staatsmann ist, was eine Herrschaft über Menschen und ein Herrscher über Menschen ist, sowie über das andere, durch dessen Wissen die Menschen seiner Meinung nach tüchtig und gut seien, während sie bei Unwissenheit darüber mit Recht als Sklavenseelen bezeichnet würden.   *Xenophon, ›Memorabilia‹ I 1, 16*

dagegen kehrt die Fragerichtung um und möchte erst einmal wissen, was Tugend überhaupt ist.

Auf das sokratische Eingeständnis des eigenen Nichtwissens reagiert Menon mit blasiertem Spott: »Aber weißt du tatsächlich nicht einmal, was die Tugend ist, Sokrates? Und soll ich das von dir auch zu Hause erzählen?« (71b f.). Die Antwort auf die sokratische Frage bereitet ihm keine Probleme, er zählt einzelne Tugenden auf: Die Tugend des Mannes sei es beispielsweise, den Staat gut zu verwalten, die der Frau bestehe in der Verwaltung des Hauswesens, und so habe überhaupt

44 Auf diesem Kupferstich von Daniel Chodowiecki (1726–1801) sieht man Sokrates im Gespräch mit seinen Schülern auf den Straßen Athens, wobei die Bauten im Hintergrund allerdings eher an das klassizistische Berlin erinnern.

Sokrates' Eingeständnis des eigenen Nichtwissens: Die fragende Haltung des Sokrates ist der seiner Gesprächspartner entgegengesetzt. Wie im ›Menon‹ beansprucht er auch in den anderen Dialogen kein Wissen über die gesuchte Sache. Dieses Unwissen über das scheinbar Selbstverständliche erregt den Spott der unbefangenen Gesprächspartner. Bei denen jedoch, die Sokrates und seine Prüfung und Widerlegung des Behaupteten kennen, wird es oft als Verstellung, als Ironie, empfunden. Das Nichtwissen wird in ihren Augen zu einem Mittel, um die Auffassungen der anderen zu widerlegen, letztlich zu einem Kampfmittel, das es ermöglicht, im Gespräch Sieger zu bleiben. Aus dieser Meinung über das sokratische Nichtwissen würde folgen, daß Sokrates sein Wissen nur verbirgt, um recht zu behalten, daß er in der Selbstdurchsetzung das Gute sieht. Wenn man das Nichtwissen jedoch umgekehrt als Skepsis, als grundsätzliche Überzeugung, das Gute sei nicht erkennbar, auffaßt, stellt sich die Frage, warum Sokrates immer wieder danach sucht. Beide Möglichkeiten sind unbefriedigend, doch gibt es eine dritte Art, das sokratische Nichtwissen zu verstehen?

jeder Mensch in jeder Lebenslage eine je verschiedene, ihm eigentümliche Tugend. Sokrates allerdings gibt sich mit dieser Antwort nicht zufrieden, sondern entgegnet, daß er doch gerade nach dem gefragt habe, was in Menons Antwort vorausgesetzt sei, nämlich nach der einen Tugend in den verschiedenen Menschen, durch welche die Tugend des Mannes, der Frau usw. erst verursacht werde. Wenn, so erklärt er Menon, dem bei der Frage nach der einen Tugend unbehaglich zumute wird, eine Frau stark oder gesund sei, so sei sie dies doch wohl durch dieselbe Stärke und Gesundheit wie der Mann. Warum also sollte es sich bei der Tugend anders verhalten?

Als allen Tugenden gemeinsames Moment faßt Menon daraufhin das Vermögen, über Menschen zu herrschen (73c f.). Mit dieser Definition benennt er nun zwar ein Einheitliches in der Vielheit der Erscheinungsweisen, aber diese Bestimmung ist, wie Menon zugeben muß, nicht zutreffend bei Kindern und Sklaven. Sokrates zeigt nun, daß die Antwort auf das, was Tu-

Das eine ist sicher, daß er [Sokrates] die Torheit der Unerfahrenen, die sich gerade in den Fragen der Moral nur auf ihr eingebildetes Wissen stützten, während er offenbar seinen ganzen Geist darein versenkt hatte, mit einem wunderbar feinen Humor der Redeweise verwirrt, ja diese Menschen durch seine eingestandene Unwissenheit oder sein verheimlichtes Wissen mit schärfstem Witz zur Niederlage gebracht hat.

Aurelius Augustinus (354–430), ›Gottesstaat‹ VIII, 3

gend ist, eines übergeordneten Maßstabes bedarf. Nur das Vermögen, gerecht und auf andere Weise tugendhaft zu herrschen, so räumt Menon ein, könne als Tugend bezeichnet werden. Damit ist man nun aber wiederum – wenn auch auf höherer Ebene – mit der Problematik der Vielheit konfrontiert: Statt einer Vielzahl von »Verwirklichungen« – bei Männern, Frauen usw. – erscheint nun eine Vielzahl von Aspekten der Tugend wie Gerechtigkeit, Besonnenheit etc. Um Menon vor Augen zu führen, wie die gesuchte Antwort ihrem Aufbau nach beschaffen sein könnte, gibt Sokrates nun ein Beispiel für eine Definition. Er definiert den Begriff der Gestalt, und zwar als das, was allein unter allen Dingen die Farbe begleitet. Doch anstatt das Beispiel als Hilfestellung zu begreifen und sich darum zu bemühen, die eigene Vorstellung von Tugend in gleicher Weise zu formulieren, bemängelt Menon, daß Sokrates die Gestalt mit etwas Unbekanntem und Vorausgesetztem, dem Begriff der Farbe, definiert habe, und versucht, seinem Gegenüber selbst mit Fragen zuzusetzen. An dieser Stelle wird deutlich, daß es Menon mit seiner einleitenden Frage nicht so sehr um die Lehrbarkeit der Tugend als um eine Widerlegung des Sokrates, um die Anwendung der bei Gorgias gelernten Argumentationstechniken gegangen sein dürfte.

Nach einigem Hin und Her gibt er schließlich eine dritte Antwort: Tugend sei das Streben nach den schönen und guten Dingen und das Vermögen, sie herbeizuschaffen (77b). Sokrates entgegnet, daß der erste Teil der Definition nichtssagend sei, da alle nach Gutem und nicht nach Bösem streben. Menon versucht, dem zu widersprechen. Doch Sokrates zeigt, daß es sich um eine zwingende Schlußfolgerung handelt: Entweder strebe man nach dem Bösen in dem Glauben, es nütze einem, dann jedoch täusche man sich hinsichtlich des Bösen und strebe eigentlich nach etwas Gutem. Oder man strebe nach dem Bösen in dem Glauben, es schade einem. Dies sei jedoch unmög-

---

Der Begriff des Vernunftgemäß-Lustbringenden, das Vermächtnis des Sokrates, gibt nicht genug aus, um eine Welt lebendig zu erhalten. Gedanken eines auf die Kollektivität gerichteten Utilitarismus lassen sich, obwohl er sie darin zu finden glaubte, nicht daraus entwickeln. Das ethische Denken bleibt im Kreis des Selbstischen eingeschlossen. Jede versuchte Veredelung des Vernunftgemäß-Lustbringenden läuft darauf hinaus, daß die Lebensbejahung sich weiter zur Lebensverneinung wandelt.
Albert Schweitzer (1875–1965), ›Kultur und Ethik‹

lich, denn niemand wolle sich absichtlich Schaden zufügen und deswegen unglücklich sein.

Übrig bleibt als Konsequenz der zweite Teil von Menons Definition: Tugend sei das Vermögen, Güter herbeizuschaffen. Dies wird nun als die eigentliche und damit vierte Antwort von Menon vorgeschlagen (78c). Sokrates' Bemerkung, daß Menon mit seiner Bestimmung vielleicht recht habe, deutet an, daß bei dieser Aussage das Verständnis vom Guten entscheidend ist; der bloße Wortlaut reicht nicht, die Begründung dieser Antwort muß geprüft werden. Menon nennt Dinge wie Gesundheit, Reichtum und Ansehen – Güter, die, um wirklich gut zu sein, auch nach seinem eigenen Eingeständnis von Tugenden wie Gerechtigkeit und Besonnenheit begleitet sein müssen. Damit bleibt als Ergebnis festzuhalten: Alles, was man mit einem Teil der Tugend, etwa mit Gerechtigkeit oder mit Besonnenheit tut, ist Tugend. Die Antwort erweist sich indes als Zirkelschluß, denn das Gefragte, die Tugend, ist hier bereits wieder vorausgesetzt (79d).

Was ist das für ein seltsames Frage-und-Antwort-Spiel, das Sokrates hier mit dem jungen Menon treibt? Wiederum stellt Sokrates die Frage, was denn nun die Tugend sei, doch Menon hat offenkundig genug. Er entzieht sich der Frage, indem er Sokrates vorwirft, daß er seine eigene Verwirrung in der Sache auf andere übertrage, und vergleicht ihn mit einem Zitterrochen, der jeden, der ihn berühre, erstarren lasse. Er, der schon so viele

45 Der Zitterrochen kann bei der Jagd oder zur Verteidigung elektrische Schläge von über 200 Volt abgeben.

schöne Reden über die Tugend gehalten habe, wisse nun nicht einmal mehr zu sagen, was diese sei. Obwohl es lediglich sein eigener Wissensanspruch war, der von Sokrates geprüft wurde und der das Gespräch in die Aporie, die Ergebnislosigkeit, geführt hat, macht Menon nicht sich, sondern die sokratischen Widerlegungen für das Scheitern verantwortlich.

Sokrates entgegnet, daß er andere keineswegs aus dem Gefühl der eigenen Überlegenheit heraus zu verwirren suche; er wisse selbst nicht, was die Tugend sei. Doch gerade dies sei ein Grund, gemeinsam zu suchen. Daraufhin behauptet Menon, daß eine solche Suche grundsätzlich nicht möglich sei:

46 Phaidra gesteht ihrem Stiefsohn ihre Liebe (Ausschnitt aus einem Sarkophag), Mitte 3. Jahrhundert

Im ›Hippolytos‹ (379ff.) des Euripides reflektiert Phaidra, die zweite Gemahlin des Theseus, über den Zusammenhang von Lust und Erkenntnis: »Schon oft bedachte ich in langer Nacht, / Was unser Menschendasein so verdirbt, / Und ich erkannte: nicht der Unverstand / Ist Wurzel allen Übels – an der Einsicht fehlts / Den meisten nicht, ganz anders liegt der Grund: / Was recht ist, sehen wir und wissen wir / Und tun es doch nicht, seis aus Lässigkeit, / Seis, weil die Lust des schönen Augenblicks / Das gute Werk verdrängt.«

Zu den »sokratischen Paradoxa«:
Das sokratische Ernstnehmen des Logos, der in den Reden vertretenen Meinungen, führt zu Konsequenzen, die der Alltagserfahrung fundamental widersprechen und deshalb in der Literatur über Sokrates als »sokratische Paradoxa« bezeichnet werden.

Im ›Menon‹ bezweifelt der junge Sophistenschüler, daß alle nach dem Guten streben, doch Sokrates weist nach, daß die entgegengesetzte Annahme – freiwillig Böses zu tun – eine schlichte Denkunmöglichkeit ist. Ein vergleichbarer Gedankengang findet sich im Dialog ›Protagoras‹ (351b–359a). Dort geht es um das Verhältnis von Erkenntnis und Lust, um das wohl jedem bekannte Phänomen, daß man trotz – vermeintlich – besserer Einsicht das Gegenteil des Erkannten tut. Sokrates stellt fest, daß die meisten Menschen nicht die Erkenntnis für das Leitende halten, statt dessen seien Affekte wie Zorn, Lust und Unlust, Liebe und Furcht handlungsbestimmend. Sie meinen, daß Bessere zu erkannt zu haben, aber von der Lust überwunden zu werden und dann das Schlechtere zu tun. Doch in der Untersuchung zeigt sich, daß die Lust nicht die Erkenntnis, wie behauptet wird, sondern die Unkenntnis, den Unverstand überwindet. Und wer bei der Wahl zwischen Lust und Unlust fehlt, tut dies nicht, weil er von der Lust überwunden wurde, sondern aus Mangel an Erkenntnis. Selbst wenn man die Lust als Lebensziel wählen würde, wäre man doch auf die Erkenntnis als Mittel zur Erreichung dieses Zieles angewiesen.

Gleichfalls auf Unverständnis stößt die von Sokrates mehrfach vorgetragene Überzeugung, es sei besser, Unrecht zu leiden, als Unrecht zu tun, was im Gespräch mit Polos im ›Gorgias‹ notwendig zur Folge hat, daß der Unrechttuende glücklicher ist, wenn er bestraft wird, als wenn er sich der Strafe entzieht (Gorgias 468c–481b).

Doch diese »Paradoxa«, in denen sich scheinbar das Auseinanderfallen von philosophischen Maßstäben und der Lebenswirklichkeit zeigt, werden von Sokrates weder einfach behauptet, noch stellt er sie als moralische Forderungen auf, sondern er zeigt nur die Konsequenzen auf, die sich aus den unbestrittenen Annahmen der »meisten Menschen« ergeben. Der Widerspruch besteht nicht zwischen der Wirklichkeit und dem Denken des Philosophen, sondern liegt im Denken der Menschen selbst.

Gesundheit ist das höchste Gut der
  Sterblichen,
Das zweite schön an Wuchs zu sein,
Das dritte truglos erworbener Besitz,
Das vierte zu blühn in Jugendglanz in der Freunde Kreis.
Altgriechisches Trinklied

Wie könne man etwas suchen, das man nicht kenne? Man wisse ja nicht, wonach man suchen solle, und würde das Gesuchte, selbst wenn man es träfe, gar nicht als solches erkennen. Mit dieser Aussage schlägt seine vorherige Gewißheit bezüglich der Tugend in ihr skeptisches Gegenteil um, in die Behauptung, Tugend sei nicht erkennbar.

Eine sehr grundsätzliche Position ist erreicht, nämlich die der Verweigerung jeglicher Erkenntnissuche, von der Skeptizismus, die Behauptung der grundsätzlichen Unerkennbarkeit, und Dogmatismus, das fraglose Ausgehen von einem vorhandenen Wissen, nur jeweilige Ausprägungen sind.

Doch Sokrates beharrt auf der Möglichkeit und vor allem auf der Notwendigkeit der Suche nach einer Antwort auf diese für das gesamte menschliche Leben grundlegende Frage. Menon läßt sich schließlich überreden, das Gespräch fortzusetzen, allerdings nur unter der Bedingung, daß man über seine Ausgangsfrage, ob die Tugend lehrbar sei, spreche. Damit sind die Gesprächspartner aber genötigt, Aussagen über eine Sache – eben die Tugend – zu machen, ohne zu wissen, was sie ist. Dies geht nur mittels eines hypothetischen Verfahrens, indem Annahmen über den zu untersuchenden Gegenstand gebildet und geprüft werden. Gemeinschaftlich wird angenommen, Tugend sei Erkenntnis und damit auch lehrbar. Doch stellt sich heraus, daß sowohl die rechtschaffenen Bürger als auch die Tugendlehrer, die Sophisten, im Zweifel sind, ob Tugend gelehrt werden könne. Wie aber, so fragt Menon, kann es dann überhaupt noch tugendhafte Menschen geben? Sokrates bietet einen Ausweg an: Wenn Tugend keine Erkenntnis sei und nicht gelehrt werden könne, sie nach Menon aber auch nicht von Natur aus den Menschen innewohne, bleibe nur noch, sie als richtige Meinung aufzufassen, die den tugendhaften Menschen durch »göttliche Schickung« gegeben werde (99e f.).

Menon war später einer der fünf Strategen des Söldnerheeres, das 401 v. Chr. versuchte, den persischen Großkönig zu stürzen. Xenophon, der gleichfalls an diesem Feldzug teilnahm, urteilt sehr ungünstig über ihn: »Der Thessaler Menon strebte ganz offenkundig gewaltig nach Reichtum, nach Befehlsgewalt, um noch mehr zu erraffen, nach Ehre und Ansehen, um noch größeren Gewinn zu machen. Freundschaft wünschte er mit den Mächtigsten, damit er nicht für ungerechtes Tun Rechenschaft geben müsse.«　　　　　　　　　　　　　　　›Anabasis‹ II, 6, 21

Doch ist die göttliche Schickung wirklich Sokrates' Antwort auf die Frage nach der Herkunft der Tugend? Schließlich weist er nochmals darauf hin, daß das Ergebnis des Gesprächs Folge der zuvor durchgeführten Untersuchung sei; wirkliches Wissen über den Weg zur Tugend werde man erst dann erlangen, wenn zuvor geklärt worden sei, was diese selbst sei.

Was wäre denn auch mit diesem Verweis auf die »göttliche Schickung« gewonnen? Die Tugend wäre dem menschlichen Vermögen entzogen, sie wäre ein Geschenk der Götter oder des Schicksals. Der Verzicht auf die von Sokrates gestellte Frage nach dem, was Tugend ist, führt offensichtlich zu Scheinantworten.

Vergleichbar ist das Ergebnis im Dialog ›Protagoras‹, in dem man gleichfalls von Annahmen ausgegangen war: Protagoras, der die Lehrbarkeit der Tugenden ebenso wie ihre Verschiedenheit behauptet hatte, muß nach der Untersuchung ihre Lehrbarkeit verneinen, um an ihrer Verschiedenheit festhalten zu können. Sokrates dagegen, der zunächst ihre Lehrbarkeit angezweifelt hatte, muß, nachdem sich ihre Einheit mit der Erkenntnis gezeigt hat, auch ihre Lehrbarkeit annehmen.

Das »Scheitern« der hypothetischen Untersuchungen in den Dialogen ›Menon‹ und ›Protagoras‹ macht es notwendig, den Blick nochmals auf die spezifisch sokratische Art der Gesprächsführung zu richten, also auf die »Was-ist-Frage« und die folgende Prüfung der gegebenen Antworten. Auch in den platonischen Dialogen ›Laches‹, ›Charmides‹ und ›Euthyphron‹ wird die Frage nach dem Wesen der Tugend gestellt. Sokrates konzentriert sich hier auf unterschiedliche Teilaspekte der Tugend, auf Tapferkeit, Besonnenheit und Frömmigkeit. Im folgenden sei stellvertretend für die anderen Dialoge der ›Laches‹ vorgestellt, in dem es um die Tapferkeit geht, eine in der damaligen athenischen Gesellschaft besonders wichtige Tugend.

Meine Erfahrung hat mich dazu gebracht, daß ich dem menschlichen Verstand seine Unzulänglichkeit vorwerfe; diese Erkenntnis ist, meiner Ansicht nach, das sicherste Ergebnis dessen, was die Welt uns lehrt. Wer sich innerlich zu dieser Schlußfolgerung nicht durchringen kann, weil mein Beispiel oder sein eigenes ihm dazu nicht ausreicht, der mag sie deshalb anerkennen, weil Sokrates, der Meister aller Meister, das Nichtwissen gelehrt hat.

Michel de Montaigne (1533–1592), ›Essais‹ III, 13

Die sokratische Frage:
Ihren spezifischen Ausdruck findet das sokratische Nichtwissen und die
Aufforderung zur gemeinsamen Suche in der immer wiederkehrenden
Frage: »Was ist X?« Was ist Tapferkeit, Besonnenheit, Frömmigkeit oder
Gerechtigkeit? Diese Frage lenkt den Blick der Gesprächspartner zurück
auf das bei ihren Reden vorausgesetzte Wissen über den Sachverhalt. Es
ist die Frage nach dem Wesen der Dinge, nach dem, was diese eigentlich
ausmacht. Die so einfach erscheinende Frage wird von den Gefragten regelmäßig nicht verstanden. Sie antworten mit Beispielen, obwohl doch
nach dem allen Beispielen und Erscheinungsweisen einer Sache Gemeinsamen und Zugrundeliegenden gefragt ist. Durch die Frage nach dem
Wesen der Dinge wird die Selbstverständlichkeit des Alltagsdenkens, in
dem das Grundlegende immer schon vorausgesetzt wird, erschüttert. Die
Frage nötigt zu einer Umkehr der Denkrichtung, weg von den äußeren
Dingen, hin zu den Voraussetzungen im eigenen Denken. Formal erfor-
dert die Frage eine Begriffsbestimmung, eine Definition, was nach Aristoteles eines der wissenschaftlichen Verdienste des Sokrates gewesen ist.
Doch tatsächlich ist ihre Reichweite eine viel tiefere, wie sich im Verlauf
der Untersuchung immer wieder herausstellt. Es ist die Frage nach der
Idee; so heißt es im ›Euthyphron‹: »Du erinnerst dich doch, daß ich dir
nicht dieses aufgab, mich einerlei oder zweierlei von dem vielen Frommen zu lehren, sondern jenen Begriff (*eidos*) selbst, durch welchen alles
Fromme fromm ist« (6d). Die Idee einer bestimmten Sache ist, wenn wir
uns an die Bestimmungen im ›Phaidon‹, ›Parmenides‹ und ›Symposion‹
erinnern, das Eine und sich stets Gleichbleibende, was wir im Denken
und Reden immer schon voraussetzen. Sie wird – bewußt bei Sokrates
oder unbewußt bei den Gesprächspartnern - als Ursache für das jeweils
konkrete Kleine, Schöne, Gerechte angenommen.

Der Text beginnt mit einem längeren Einleitungsgespräch,
in dem Lysimachos und Melesias Sokrates und die zwei anwesenden Feldherren Laches und Nikias um Rat hinsichtlich
einer möglichst sorgfältigen Erziehung ihrer Söhne bitten. Im
Anschluß an einen zuvor beobachteten Fechtkampf möchten
sie wissen, ob die sogenannte Hoplomachie (die Kunst, mit
schweren Waffen zu kämpfen) auch von ihren Söhnen erlernt
werden sollte (›Laches‹ 179e). Nachdem die Feldherrn sich ge-

Es gehört zu den größten Einsichten, die uns die platonische Sokratesdar-
stellung vermittelt, daß das Fragen – ganz im Gegensatz zur allgemeinen
Meinung – schwerer ist als das Antworten. Wenn die Partner des sokratischen Gesprächs, um Antworten auf die lästigen Fragen des Sokrates verlegen, den Spieß umdrehen wollen und ihrerseits die vermeintlich vorteil-
hafte Rolle des Fragers beanspruchen, dann scheitern sie damit erst recht.
Hans-Georg Gadamer (*1900), ›Wahrheit und Methode.
Grundzüge einer philosophischen Hermeneutik‹

äußert haben – Nikias dafür, Laches dagegen –, ist eine Patt-situation entstanden. Sokrates gibt an, weder etwas von der Hoplomachie zu verstehen noch von der Lysimachos eigent-lich interessierenden Frage, wie die Söhne richtig zu erziehen seien (186c–e). Aber er schlägt vor, die einander widersprechen-den Ratgeber selbst auf das von ihnen beanspruchte Wissen hin zu prüfen. Da Lysimachos dies ablehnt, übernimmt Sokra-tes an seiner Stelle die Rolle des Fragenden (189c f.). Gesucht werden Sachverständige, die dazu verhelfen, die Söhne richtig zu erziehen und sie besser zu machen, also Sachverständige der Tugend, insbesondere in Fragen der Tapferkeit (190b–d).

Laches nennt als Antwort auf die Frage, was die Tapferkeit sei, die Fähigkeit, in Reih und Glied standhaltend die Feinde abzuwehren und nicht zu fliehen (190e). Sokrates er-widert hierauf mit Beispielen aus der Kriegsgeschichte, die zeigen, daß auch ein strategi-scher Rückzug die Feinde ab-wehren und als tapfer gelten könne. Er weist weiter dar-auf hin, daß Tapferkeit als Verhalten nicht nur im Krieg, sondern in vielen Lebensla-gen auftrete, nicht zuletzt im Verhältnis des Menschen zu sich selbst, etwa im Hinblick auf Schmerz oder Lust. Wie schon im ›Menon‹ fragt So-krates nach der einen Tapfer-keit in den vielen Erschei-

47 Grabstele zweier junger Krieger; um 420 v. Chr.

> Sokrates glaubte nämlich, wer wisse, was (seinem Wesen nach) ein jeg-
> licher Gegenstand (ein jedes Seiendes) sei, der sei wohl auch imstande,
> dies anderen auseinanderzusetzen; bei denen aber, die das nicht wüßten,
> sei es keineswegs verwunderlich, wie er meinte, daß sie sich und andere
> täuschten. Daher ließ er nicht ab, gemeinsam mit seinen Freunden zu be-
> trachten, was seinem Wesen nach ein jeglicher Gegenstand (ein jegliches
> Seiendes) sei.
>
> *Xenophon, ›Memorabilia‹ IV, 6, 1*

nungsformen, und wiederum gibt er ein Beispiel vor, diesmal
eine Definition der Geschwindigkeit.

Anders als Menon akzeptiert Laches ohne weiteres die geforderte Ausrichtung hin auf einen allgemeinen Begriff und
bestimmt Tapferkeit nun als eine »gewisse Beharrlichkeit der
Seele« (192b f.). Sokrates zeigt das Ungenügen dieser Antwort,
indem er – wie auch im ›Menon‹ – zu bedenken gibt, daß das
seelische Beharrungsvermögen eines übergeordneten Maßstabes bedürfe. Das Vermögen zu herrschen galt dort nur dann
als Tugend, wenn die Gerechtigkeit und die anderen Tugenden es ergänzten. Hier heißt es, daß sicher nur eine »verständige Beharrlichkeit« zum Guten führe und als Tugend bzw.
Tapferkeit aufgefaßt werden könne, eine dumme und unein-
sichtige Sturheit dagegen nicht. Laches nimmt die Neubestim-
mung der Tapferkeit als verständige Beharrlichkeit der Seele
an (192d), zeigt sich aber im folgenden außerstande, den In-
halt des hier zur Beharrlichkeit hinzutretenden Wissens, das
»Worin« der Verständigkeit anzugeben: Der unverständig, aus
bloßer Willenskraft und ohne Einschätzung seiner realen Möglichkeiten Beharrende, also derjenige, der beispielsweise im
Krieg eine Stellung verteidigt, obwohl sie ungünstig gelegen
ist und er ohne Aussicht auf Erfolg gegen eine Übermacht an-
kämpfen muß, scheint ihm tapferer zu sein, als der, der aus
verständiger Berechnung seines Vorteils beharrt.

> Zweierlei nämlich ist es, was man mit Recht dem Sokrates zuschreiben
> kann: die Induktionsbeweise und die allgemeinen Definitionen; dies bei-
> des nämlich geht auf das Prinzip der Wissenschaft. Sokrates aber setzte
> das Allgemeine und die Begriffsbestimmungen nicht als abgetrennte,
> selbständige Wesen; die Anhänger der Ideenlehre aber trennten es ab
> und nannten dieses Ideen der Dinge.
>
> *Aristoteles, ›Metaphysik‹ 1078 b*

An dieser Stelle tritt der intellektuellere, den Wissenschaften gegenüber aufgeschlossenere Nikias ins Gespräch und bestimmt das zur Beharrlichkeit hinzutretende Wissen als Erkenntnis des Gefährlichen und Unbedenklichen (194e f.). Sokrates prüft diese Bestimmung, und gemeinschaftlich wird festgestellt, daß man unter dem Gefährlichen ein zukünftiges Schlechtes zu verstehen habe, als unbedenklich dementsprechend ein zukünftiges Gutes oder Neutrales. Doch wirkliche Erkenntnis, so räumt Nikias ein, müsse immer eine und dieselbe für ihren Gegenstand sein, ihn also vollständig – in Vergangenheit, Gegenwart und Zukunft – überblicken.

Damit kann Tapferkeit nicht mehr nur die Erkenntnis des Unbedenklichen und Gefährlichen bzw. des zukünftigen Guten und Schlechten sein, sondern die des Guten und Schlechten in Vergangenheit, Gegenwart und Zukunft, also die Erkenntnis des Guten und Schlechten insgesamt. Diese neue Bestimmung der Tapferkeit wird kurzzeitig als vierte Antwort von Nikias erwogen (199 d), aber Sokrates zeigt ihm, daß derjenige, der eine Erkenntnis vom Guten und Schlechten insgesamt hätte, sich bereits im Besitz der ganzen Tugend befände, die Tapferkeit dann mit der Tugend identisch wäre. Im vorangegangenen Gespräch war von allen Beteiligten jedoch mehrfach bekräftigt worden, daß die Tapferkeit ein Teil der Tugend sei (190c f., 198a).

Zusammenfassend läßt sich feststellen, daß im ›Menon‹ und im ›Laches‹ genau das

48 Schmiedewerkstatt; Innenbild einer Schale, um 500 v. Chr.

Das *techné*-Modell
Die gesuchte Verständigkeit hinsichtlich der Tapferkeit oder anderer Tugenden vergleicht Sokrates mit dem Wissen von Fachleuten, von Handwerkern und Wissenschaftlern. Das sogenannte *techné*-Modell dient dazu, die Struktur der Verständigkeit zu veranschaulichen. Doch hier zeigt sich das Unvermögen der Dialogpartner, die von ihnen beanspruchte Erkenntnis der Tugend zu formulieren, da sie ein Wissen über das der jeweiligen Fachleute hinaus nicht kennen, die Tugend mit diesen Kenntnissen aber offenbar nicht identisch ist.

geschieht, was Sokrates seinen Anklägern in der ›Apologie‹ über sich selbst sagte: Er geht umher, befragt seine Mitbürger nach ihrem Wissen und widerlegt ihre unzureichenden Antworten. Die platonischen Dialoge machen indessen deutlich, daß er diese Tätigkeit keineswegs so »realitätsfremd« ausübt, wie man eingedenk der ›Apologie‹ zunächst vielleicht hätte vermuten können: Sokrates fragt seine Gesprächspartner nicht willkürlich nach allem und jedem, sondern immer nur nach ihrem Verständnis der Tugend, also nach Weisheit im engeren Sinne. Sokrates ist des weiteren auch keiner, der selbst nur geringe Kenntnisse hatte. Ganz im Gegenteil belegen die im ›Laches‹ und im ›Menon‹ gegebenen Definitionen, daß er durchaus über das mathematische und naturphilosophische Wissen seiner Zeit verfügte. Zahlreiche andere Beispiele bei Platon und Xenophon bezeugen zudem, daß er sich auch bestens in der Literatur und in der griechischen Geschichte auskannte. Sokrates bleibt ein lebenslang Lernender, der nicht nur die zeitgenössischen Wissenschaften studiert, sondern auch Unterricht im Leierspiel und der Tonkunst sowie der Gymnastik und der Tanzkunst nimmt.

Sokrates fragt auch nicht völlig unvermittelt nach dem Wesen der Tugend, sondern stets erst dann, wenn sich dies aus der Gesprächssituation ergibt, wenn nämlich seine Gesprächspartner – ausgesprochen oder unausgesprochen – ein Wissen von der Tugend beanspruchen. So denkt Menon laut über die Erlernbarkeit der Tugend nach, bevor er sich gefragt hat, was sie denn eigentlich sei. Laches und Nikias widersprechen sich in ihren Meinungen darüber, wie die Jugend besser und tapferer zu machen sei. Im ›Charmides‹ wiederum wird Sokrates der junge Charmides von dessen Vetter Kritias als Musterbeispiel der Besonnenheit dargestellt, was nach der Befragung des ersteren zur Prüfung von Kritias selbst führt. Im ›Euthy-

Nikias zu Laches: »Du scheinst gar nicht zu wissen, daß, wer der Rede des Sokrates nahe genug kommt und sich mit ihm einläßt ins Gespräch, unvermeidlich, wenn er auch von etwas ganz anderem angefangen hat zu reden, von diesem so lange ohne Ruhe herumgeführt wird, bis er Rede stehen muß über sich selbst, auf welche Weise er jetzt lebt und auf welche er das vorige Leben gelebt hat; wenn ihn aber Sokrates da hat, daß er ihn gewiß nicht eher hinausläßt, bis er dies alles gut und gründlich untersucht hat.«   *Platon, ›Laches‹ 187e–188a*

phron‹ schließlich – hier geht es um die Frömmigkeit – trifft Sokrates auf den Priester Euthyphron, der seinen eigenen Vater für einen unfrommen Mann hält und ihn vor Gericht verklagt, weil er einen seiner Sklaven fahrlässigerweise hatte sterben lassen.

Hinsichtlich der philosophischen Tätigkeit des Sokrates läßt sich in den platonischen Frühdialogen eine ganz bestimmte Struktur der Gesprächsführung feststellen. Diese vollzieht sich auf dieselbe Weise, die Sokrates von Diotima im ›Symposion‹ mitgeteilt worden ist, und zwar als ein Aufstieg in der Liebe bzw. in der Suche, als ein schrittweiser Aufstieg zum Schönen und Guten. Der Aufstieg der Diotima umfaßt vier Stufen: die Liebe zu schönen Körpern, zu schönen Seeleneigenschaften, zu schönen Erkenntnissen, schließlich zum Schönen selbst. Bei den Rückfragen des Sokrates im ›Menon‹ und im ›Laches‹ und ebenso in den hier nicht näher besprochenen Dialogen ›Charmides‹ und ›Euthyphron‹ erscheinen dieselben vier Stufen wieder. So wie der Liebende des ›Symposions‹ zunächst die schönen Körper begehrt, ohne zu bedenken, daß er doch eigentlich das Schöne in den schönen Körpern liebt, blickt der Gefragte des sokratischen Dialogs nach außen auf die Welt und benennt konkrete Verhaltensweisen und Beispiele als die gesuchte Tugend, deren Erkenntnis er als selbstverständlich voraussetzt.

Sokrates führt die Gesprächspartner auf die zweite Stufe (bei Diotima die der schönen Seeleneigenschaften), indem er sie regelmäßig nach dem *Einen* fragt, das sie in all dem mitdenken, was sie als tugendhaft bezeichnen. Die Rückwendung auf das eigene Denken durch das sokratische Nachfragen wird im ›Charmides‹ explizit ausgesprochen. Sokrates fordert hier den jungen Charmides ausdrücklich auf, in sich selbst hineinzuschauen, um die gesuchte Besonnenheit im ei-

---

Einst sagte der Herzog von She zu Konfuzius: »Wir haben einen aufrechten Mann in unserem Land. Sein Vater stahl ein Schaf, und sein Sohn sagte gegen ihn aus.« – »In unserem Land«, erwiderte Konfuzius, »versteht man etwas anderes unter Rechtschaffenheit. Ein Vater nimmt die Schuld des Sohnes auf sich, und ein Sohn nimmt die Schuld des Vaters auf sich. In solch einem Verhalten kann man wahre Rechtschaffenheit erkennen.«

Konfuzius, ›Gespräche‹ (›Lun Yü‹) XIII, 18

genen Denken aufzufinden (›Charmides‹ 160d). So wie der Liebende des ›Symposions‹ erkennt, daß er in Wahrheit die geistigen und seelischen Qualitäten des Geliebten liebt, vollziehen die Gesprächspartner eine Wendung nach innen und führen die Vielzahl der Erscheinungsweisen der Tugend auf einen allgemeinen Begriff wie »Herrschaftsvermögen« oder »seelische Beharrlichkeit« zurück.

In Reaktion auf die vorgebrachten Antworten zeigt Sokrates wiederum jedes Mal, daß diesen – die doch der Maßstab der äußeren und objektiven Welt sein sollen – ihrerseits ein objektiver Maßstab fehlt. Beharrung ohne Verstand kann ebensowenig Tapferkeit sein, wie Herrschaftsvermögen Tugend ist, wenn es nicht von Gerechtigkeit begleitet wird. Der gesuchte Maßstab aber muß jenseits von Objekt und Subjekt liegen – also ein absoluter Maßstab sein, Gott oder die letzte Ursache oder eben jenes Gute, nach dem im Begriff der Tugend gefragt worden ist. Die Gesprächspartner berücksichtigen nun diesen »Maßstab«, aber zunächst, auf der dritten Stufe (bei Diotima derjenigen der Liebe zu den wissenschaftlichen Kenntnissen), nur in einer vermittelten Form. Sie nennen eine Fähigkeit, letztlich eine Erkenntnis, mittels derer das Gute in der Welt zu verwirklichen sei. So spricht Nikias im ›Laches‹ von einer Erkenntnis des Unbedenklichen und Gefährlichen, hinter der sich eine beanspruchte Erkenntnis des Guten und Schlechten schon verbirgt.

Doch wie es dem Liebenden im ›Symposion‹ am Ende nicht um die schönen Erkenntnisse, sondern um die Erkenntnis des Schönen selbst geht, führt Sokrates die Gesprächspartner hinauf zur vierten Stufe, indem er sie zwingt, die letzte Voraussetzung, ihre bis dahin ungeprüfte und unbewußte Vorstellung von Tugend selbst in den Blick zu nehmen. Nikias scheitert in diesem Moment, da er ja nur einen Teil, nicht die gesamte Tu-

Von Sokrates ist er [der Begriff] in seiner Tragweite entdeckt … Hier zum erstenmal schien ein Mittel zur Hand, womit man jemanden in den logischen Schraubstock setzen konnte, so daß er nicht herauskam, ohne zuzugeben: entweder daß er nichts wisse: oder daß dies und nichts anderes die Wahrheit sei, die ewige Wahrheit, die nie vergehen würde, wie das Tun und Treiben der blinden Menschen.

Max Weber (1864–1920), ›Wissenschaft als Beruf‹

gend zu bestimmen sucht. Menon scheitert, als er nach seinem Verständnis der Tugend gefragt wird und nur äußere Güter anzugeben weiß, die der Tugenden erst noch bedürfen, um tugendhaft zu sein.

Sokrates, das zeigt sich hier, hat sich den bei Diotima erfahrenen Aufstieg in der Liebe offenbar weitgehend auch für seine eigene Philosophie zu eigen gemacht. Bereits zu Beginn des ›Symposions‹ hatte er ja seine Meinung bekräftigt, daß er »nichts als Liebessachen« verstehe (›Symposion‹ 177d). In den überlieferten Darstellungen seiner philosophischen Tätigkeit in den platonischen Frühdialogen löst er die zur Schau des

49 Auch die Selbsterkenntnis als zentrales Thema der sokratischen Philosophie wurde zum Thema der bildenden Kunst. Dieses Gemälde von Pier Francesco Mola (1612–1666) illustriert den von Diogenes Laertius (II, 33) überlieferten Ratschlag des Sokrates, die Jünglinge sollten sich immer wieder im Spiegel betrachten, um, wenn sie schön wären, sich dessen würdig zu machen, wenn aber häßlich, diesen Mangel durch gute Bildung auszugleichen und zu verdecken.

Ist das Wort »Regel« überhaupt vieldeutig? Und sollen wir also nicht von Regeln im Allgemeinen reden, wie auch nicht von Sprachen im Allgemeinen? Sondern nur von Regeln in besonderen Fällen. – Sokrates stellt z. B. die Frage, was Erkenntnis sei; und ist nicht mit der Aufzählung von Erkenntnissen zufrieden. Wir aber kümmern uns nicht viel um diesen allgemeinen Begriff und sind froh, wenn wir Schuhmacherei, Geometrie etc. verstehen.

Ludwig Wittgenstein (1889–1951), ›Bemerkungen zur Philosophie‹ 69, 5–6

Schönen notwendige Vorgehensweise aus dem ursprünglichen religiösen Bezugsrahmen heraus und überträgt sie in die alltägliche Situation eines Gesprächs, in dem zwei Menschen gemeinsam nach einem allerdings nicht alltäglichen Gegenstand suchen, dem Guten.

Bei seiner Suche nach der letzten Ursache hatte Sokrates im Rahmen der Auseinandersetzung mit mehreren grundsätzlichen philosophischen Positionen festgestellt, daß »hinter« der äußerlich angenommenen Ursache die von ihm so genannte »Idee«, also Vorstellungen über bestimmte Sachverhalte, steht, daß »hinter« der Idee aber der denkende Mensch selbst steht, der nichts anderes für wichtig hält, als gut und richtig zu leben, und eine entsprechende Erkenntnis des Guten und Richtigen, der Tugend, stets bei sich voraussetzt.

Wenn Sokrates nun über die Straßen und Plätze Athens geht, seine Mitbürger nach ihrem Verständnis der Tugend fragt und sich nicht scheut, ihre unzureichenden oder in sich widersprüchlichen Antworten zu widerlegen, so ist dieses Verhalten nichts anderes als der konsequente Ausdruck eines starken »philosophischen Eros«, der von Anfang an betriebenen Ursachensuche.

Sokrates folgt bei seiner Suche nach der Ursache einfach dem menschlichen Denken, das seiner Überzeugung nach immer – gewissermaßen naturgegeben – auf das Gute und Taugliche als Ursache und Ziel hinführt. Der Dialog, das Gespräch zweier Menschen miteinander, hat also einen spezifischen philosophischen Sinn: Er ist keine bloße literarische Kunstform, die Platon verwendete, sondern notwendige Bedingung und Form der

Kant ist an dieser Stelle insofern inkonsequent, als er lehrt, daß man, um gut zu sein, nicht der Philosophie bedürfe. Eine These, wie sie nun wieder der Sokrates oder der Platon, bei dem jener radikale Bruch zwischen der Theorie und der Gestaltung der praktischen Wirklichkeit noch gar nicht bestanden hat, niemals erhoben hätten, sondern Sokrates hätte, wenn wir es uns richtig vorstellen, in aller Unschuld wahrscheinlich seinen Schülern auf dem Markt von Athen erzählt, daß sie gut handeln können nur dann, wenn sie Philosophie gelernt haben. Er hätte an dieser Stelle den Gedanken der Vernunft viel ernster, viel schwerer genommen, während bei Kant hier eben doch bereits der Übergang ist zu dem, daß man im Lande bleiben und sich redlich nähren soll.

Theodor W. Adorno (1903–1969),
›Probleme der Moralphilosophie‹, 2. Vorlesung

50 Die mißverstandene platonische »Idee« hat naturgemäß den Spott herausgefordert. Nach Diogenes Laertius (VI, 40) soll der Kyniker Diogenes Platons Definition des Menschen als eines federlosen zweibeinigen Tieres verhöhnt haben, indem er einem Hahn die Federn ausrupfte und ihn mit den Worten in die Akademie laufen ließ: »Das ist Platons Mensch.« Friedrich Georg Weitsch (1758–1828), ›Homo platonicus‹ (Die Schule des Platon)

sokratischen Frage nach der Ursache, des philosophischen Aufstiegs. Sokrates sucht mit seiner Frage nicht etwa Streit und widerlegt um des Widerlegens willen, wie Menon dies mit seinem Zitterrochen-Vergleich unterstellt hat, sondern behandelt seine Mitunterredner als gemeinsam Suchende, wobei er sich stets vergewissert, daß sie mit dem bisher Gesagten übereinstimmen.

Sokrates ließ keine Bänke aufstellen und setzte sich auf keinen Lehrstuhl und bestimmte seinen Freunden keine feste Stunde zum Vortrag oder Unterricht, sondern er trieb Philosophie, indem er gelegentlich mit scherzte, mit trank, mit zu Felde zog und mit auf den Markt ging, schließlich sich auch gefangen setzen ließ und den Giftbecher trank. Er war der erste, der zeigte, daß die Philosophie das Leben in seinem ganzen Verlauf und in seinem ganzen Umfang, kurz mit allen seinen Erfahrungen und seiner gesamten Tätigkeit umfasse. *Dikaiarchos (um 320 v. Chr.), aus einer unbestimmten Schrift*

In der Psychologie wie in der Logik gibt es Wahrheiten, aber keine Wahrheit. Das »Erkenne dich selbst« des Sokrates ist ebensoviel wert wie das »Sei tugendhaft« unserer Beichtstühle. Beide Aussprüche verraten Heimweh und gleichzeitig Unwissenheit. Das sind unfruchtbare Spielereien mit großen Dingen. Sie sind nur genau in dem Maße berechtigt, als sie annähernd gemeint sind.

Albert Camus (1913–1960), ›Der Mythos von Sisyphos‹

Allerdings tritt bei unserer Betrachtung von Sokrates' philosophischer Tätigkeit auch ein entscheidender Unterschied gegenüber der Lehre Diotimas zutage: Dieser endet auf seiner letzten Stufe mit der Schau oder der Erkenntnis des Schönen und Guten selbst. Die sokratische Rückfrage nach den Denkvoraussetzungen führt dagegen in die Aporie. Sie endet nach dem Aufstieg durch sämtliche Denkmöglichkeiten ohne greifbares Ergebnis mit einem »Nicht-mehr-Weiterwissen« der Gesprächspartner. Was bleibt, ist lediglich die Aufforderung zu einer erneuten Suche nach der Tugend, die Sokrates auf mehr oder weniger deutliche Weise am Ende eines jeden Dialogs ausspricht. Bedeutet dies nun, daß Erkenntnis grundsätzlich unmöglich ist? Sokrates ist unwiderlegt, aber doch nur, weil er selbst keine Antwort vorgetragen hat. Wie also ist die Aporie zu verstehen? Um diese Frage zu beantworten, soll im folgenden der letzte und wichtigste der platonischen Frühdialoge betrachtet werden. In ihm geht es um die für das menschliche Selbstverständnis entscheidende Frage nach der Gerechtigkeit.

Die Frage nach der Gerechtigkeit

Der Dialog über die Gerechtigkeit, den Sokrates im ersten Buch von Platons Hauptwerk ›Politeia‹ (›Der Staat‹) führt, wird von der wissenschaftlichen Literatur häufig als eine bloße Einleitung mißverstanden, die Platon seinem im Anschluß ausgearbeiteten Entwurf eines idealen Staates vorangestellt habe. Doch ist auch eine andere Sicht möglich: Die umfangreiche Untersuchung der Bücher II bis X, bei der Sokrates im Unterschied zu den Frühdialogen ein großangelegtes Gedankengebäude entfaltet, ist so etwas wie eine veranschaulichende Interpretation der im ersten Buch dargestellten sokratischen Philosophie. Den Höhepunkt dieser Bücher bilden die berühmten drei Gleichnisse (Sonnen-, Linien- und Höhlengleichnis), in denen das zentrale Anliegen des Philosophen, die Erkenntnis des Guten, beschrieben wird. Im Vergleich mit diesem großen Entwurf scheint das Gespräch des ersten Buches gegenüber den übrigen Tugenddialogen Platons kaum Neues zu bringen. Doch zeigen sich hier – deutlicher als überall sonst – die fatalen Konsequenzen des von

51 Athen und Piräus mit den Langen Mauern

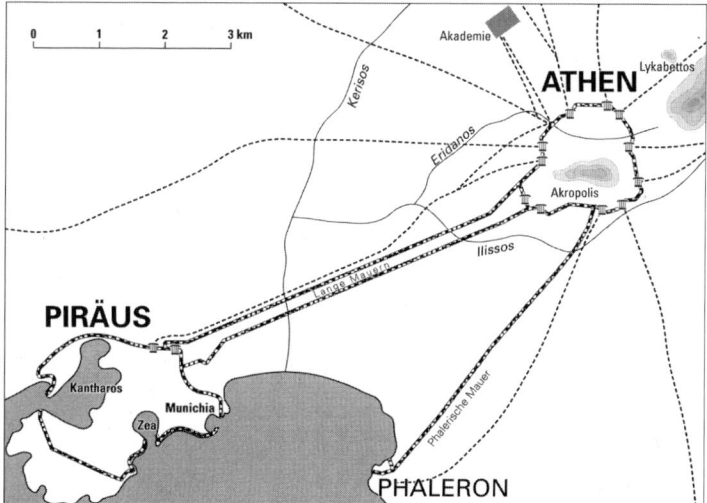

Im ›Alkibiades I‹ weist Sokrates den Jüngling auf die Unreflektiertheit seines vermeintlichen Wissens von der Gerechtigkeit hin, denn er habe ihn schon als ein Kind erlebt, »wenn du Knöchel spieltest oder irgendein anderes Spiel, gar nicht als ob du ungewiß wärst über Recht und Unrecht, sondern ganz laut und zuversichtlich, von welchem Knaben es nun eben war, sagen, er wäre schlecht und ungerecht und er täte Unrecht«.

Platon, ›Alkibiades‹ 110b

den Gesprächspartnern des Sokrates stets vorausgesetzten Tugendwissens.

Sokrates ist im Hafen von Athen (Piräus) zu Gast im Haus des reichen Kephalos. Hoch erfreut begrüßt ihn der greise Gastgeber, beklagt aber, daß er ihn so selten zu Gesicht bekomme, denn mit den durch das Alter schwindenden Freuden wachse bei ihm die Lust, sich zu unterhalten. Sokrates erwidert, daß auch er gerne mit alten Menschen spreche, um von ihnen, als den Erfahreneren, zu hören, ob das Leben leicht oder schwer zu bewältigen sei.

Kephalos verweist zunächst auf seine Altersgenossen, die meisten jammerten über den Verlust ihrer Jugend oder über die schlechte Behandlung durch die Angehörigen. Doch seien derlei äußere Gründe für ein schlechtes Leben im Alter nicht stichhaltig, da es dann auch ihm und allen anderen Alten schlecht ergehen müßte. Als Gegenbeispiel nennt er den Tragödiendichter Sophokles. Der habe das Nachlassen der Potenz im Alter nicht etwa beklagt, sondern sich darüber gefreut, endlich von der drängenden Begierde freizukommen. Die wahre Ursache für die Klage seiner Altersgenossen sei also nicht das Alter der Menschen, sondern die Sinnesart, ihre Einstellung. Wenn diese maßvoll und umgänglich sei, leide man wenig unter den Mühseligkeiten des Älterwerdens, sei das gesamte Leben schwer zu ertragen.

Der Sinn der Sokratie ist, daß die Philosophie überall oder Nirgends sey – und daß man mit leichter Mühe am Ersten, Besten sich überall orientiren, und das finden könne, was man suche. Sokratie ist die Kunst – von jedem gegebenen Orte aus den Stand der Wahrheit zu finden und so die Verhältnisse des Gegebenen zur Wahrheit genau zu bestimmen.

Novalis (1772–1801), ›Logologische Fragmente‹, Nr. 103

Auch dieses Gespräch entsteht aus einer alltäglichen Situation. Sokrates greift das von Kephalos Gesagte auf und erkundigt sich nach dem Urteil des Älteren über das Leben. Kephalos unterscheidet zwischen denjenigen, die sich von äußeren, körperlichen oder gesellschaftlichen Umständen abhängig machen, und solchen, die durch ihre Haltung von diesen weitgehend unabhängig seien. Mit dieser Unterscheidung tritt er aus der unreflektierten Auslieferung an die äußeren Gegebenheiten heraus, die das Leben der nur anonym genannten Altersgenossen kennzeichnet. Er beansprucht, nicht nur Spielball der Umstände zu sein, sondern sein Leben selbst zu gestalten, selbst dafür Verantwortung zu übernehmen.

Diesen grundsätzlichen Anspruch prüft Sokrates nun genauer. Womöglich liegt die Ursache für die Zufriedenheit des Kephalos nämlich nicht in seiner Einstellung begründet, sondern verdankt sich dessen Reichtum. Der Arme könne das Alter wohl nicht ganz leicht ertragen, meint Kephalos zu diesem Einwand, doch ebensowenig der Reiche mit der falschen Lebenseinstellung. Seine eigene Haltung gegen den Reichtum charakterisiert er als weder besitzgierig noch verschwenderisch. Wenn also weder der Erwerb noch das Ausgeben des Vermögens für Kephalos das Ziel hinsichtlich seines Besitzes ist, stellt sich die Frage, worin er dessen eigentlichen Nutzen sieht. Mit zunehmendem Alter wachse seine Furcht vor einem Totengericht, meint er, man denke an begangene Ungerechtigkeiten, und diese Furcht raube ihm die Nachtruhe. Das Leben auf gerechte und fromme Weise zubringen zu können, niemanden hintergehen zu müssen, keinem Gott Opfergaben und keinem Menschen Geld schuldig zu bleiben, das scheine ihm als der eigentliche Nutzen des Reichtums.

An dieser Stelle hakt Sokrates nach und fragt nach der Gerechtigkeit, von der Kephalos beiläufig und so, als ob man das

---

Kehret den Blick in euch selbst! In euch sind die unerforschten Tiefen, worinnen ihr euch mit Nutzen verlieren könnt. Hier untersucht die geheimsten Winkel. Hier lernet die Schwäche und die Stärke, die verdeckten Gänge und den offenbaren Ausbruch eurer Leidenschaften! Hier richtet das Reich auf, wo ihr Unterthan und König seyd! Hier begreift und beherrschet das einzige, was ihr begreifen und beherrschen sollt; euch selbst. So ermahnte Sokrates, oder vielmehr Gott durch den Sokrates.
Gotthold Ephraim Lessing (1729–1781), ›Gedanken über die Herrnhuter‹

Wissen, was diese sei, voraussetzen könne, gesprochen hatte. Bedeute Gerechtigkeit einfach nur, die Wahrheit zu sagen und das Wiedergeben von etwas Geschuldetem? Daß diese konkrete Verhaltensweise nicht zur Bestimmung der Gerechtigkeit ausreicht, verdeutlicht Sokrates durch ein Beispiel: Geliehene Waffen einem Freund zurückzugeben, der zwischenzeitlich verrückt geworden sei, oder diesem in allen Dingen die Wahrheit zu sagen, sei doch sicher weniger gerecht, als in beiden Fällen gegenteilig zu handeln. Kephalos pflichtet dem bei, zeigt sich jedoch nicht bereit, die von Sokrates gestellte Frage nach dem Wesen der Tugend zu beantworten, sondern verabschiedet sich mit der Bemerkung, er müsse jetzt im Hof ein Opfer für die Götter darbringen (331d).

Welche Schlüsse lassen sich aus dem bislang Gehörten ziehen? Kephalos vertritt den Anspruch, nicht von den Umständen abhängig zu sein, sondern aufgrund der »rechten Sinnesart« selbst verantwortlich für ein gutes und glückliches Leben zu sein. Seine Auffassung von Gerechtigkeit (das »Wiedergeben«) ist die Grundlage aller Gesellschaftsordnungen, die ein friedliches Zusammenleben ihrer Mitglieder zu ermöglichen suchen. Zur Begründung seiner Meinung verweist er auf die Götter, also auf eine übergeordnete und als »objektiv« begriffene Instanz. Doch bei der Frage nach der Bedeutung seines Besitzes zeigt sich, daß es Kephalos mit der rechten Sinnesart wohl doch nicht ganz ernst gewesen ist. Zur rechten Sinnesart müsse, um gerecht sein zu können, Besitz als Mitursache hinzukommen. Insofern erscheint es zweifelhaft, ob es Kephalos wirklich um die Gerechtigkeit oder lediglich um ein ruhiges und sicheres Leben geht.

Nachdem sich Kephalos vom Gespräch zurückgezogen hat, übernimmt sein Sohn Polemarchos die Rede. Er verteidigt die Definition seines Vaters und behauptet unter Berufung auf den

---

Philosophie ist die sokratische Rückfrage: Habe ich verstanden, was ich soeben gesagt habe? Philosophie in diesem Sinn ist daher wesentlich nachträglich. Sie fragt nach dem schon Gesagten. Sie ist aber eben damit wesentlich vorbereitend. Ihre Antwort kann uns weiterhelfen und wird dieselbe Rückfrage von Neuem hervorrufen.

Carl Friedrich von Weizsäcker (*1912), ›Zeit und Wissen‹

52 In der Haltung des Kephalos zeigt sich der grundsätzliche Unterschied zum Philosophen. Rechte Sinnesart und Besitz – innere und äußere Bedingungen – werden als Ursache für ein gutes Leben genannt, ohne den Zwiespalt zwischen beidem zu bemerken. Kampf zwischen den Kentauren und dem thessalischen Volksstamm der Lapithen. Metope vom Parthenon, 447–432 v. Chr.

Dichter Simonides, einem jeden »das Schuldige« zu leisten, sei gerecht. Was aber bedeutet dieses »Leisten des Schuldigen«? Sokrates weist darauf hin, daß damit doch offensichtlich etwas anderes gemeint sein müsse als bloßes Wiedergeben, das ja durch das Waffenbeispiel gerade widerlegt worden war. Polemarchos stimmt zu und legt nun dar, was er darunter versteht: Freunde seien es ihren Freunden schuldig, Gutes zu tun, Böses aber zu unterlassen. Damit ist das Problem des Waffenbeispiels gelöst, denn das »Schuldige«, das man dem verrückt gewordenen Freund zurückgibt, wenn man ihm die entliehene Waffe vorenthält, ist etwas Gutes, das von Kephalos im »Wiedergeben« unbewußt mitgedacht worden war. Damit befinden sich die Gesprächspartner wiederum auf jener Stufe des Dialogs, auf der ein Sachverhalt – hier das »Leisten des Schuldigen« – im Hinweis auf das

An der Gemeinschaftlichkeit des für den athenischen Bürger politisch Guten orientiert Sokrates allererst die Frage nach dem »verbindlich bestimmbaren Was jeder Sache«. Gerade der Verstand, der maßlos zersetzte, sollte so wieder, durch wirkliche Hingabe an die erfragte Sache, am Wesen weise werden. Das also nicht durch innere »Besinnung«, sondern durch erkannte Sachlichkeit, nicht durch Sophia als einsamer Selbsterkenntnis, sondern als kommunizierender.

Ernst Bloch (1885–1977), ›Ad pädagogica; zur parteiischen Weisheit‹

Gute näher bestimmt wird. Wie aber ist im Falle eines Feindes zu verfahren, erkundigt sich Sokrates. Polemarchos erwidert, daß man diesem natürlich das Gegenteil schuldig sei, nämlich etwas Schlechtes. Als Definition des Polemarchos ergibt sich damit, daß es gerecht sei, Freunden zu nutzen und Feinden zu schaden (332d).

Sokrates prüft diese Bestimmung in drei Schritten. Zunächst fragt er, in welcher Hinsicht der Gerechte anderen Menschen nutze bzw. schade, so wie dies etwa bei einem Arzt hinsichtlich Gesundheit und Krankheit der Fall sei. Im Krieg, meint Polemarchos, sei der Gerechte nützlich. Also sei, fragt Sokrates, der Gerechte in Friedenszeiten unnütz? Polemarchos antwortet zögernd, daß die Gerechtigkeit im Frieden bei Verhandlungen, etwa in Geldgeschäften, nütze. Doch Sokrates wendet ein, daß, wenn man das Geld verwenden wolle, um ein Pferd oder ein Schiff zu kaufen, der Sachverständige doch nützlicher als der Gerechte sei. Schließlich bleibt für die Gerechtigkeit nur die bloße Möglichkeit hinsichtlich des Geldes übrig, »wenn man es niederlegen will und es sicher sein soll« (333c). Und so ergibt sich als absurde Konsequenz: Wenn man das Geld – oder anderes – nicht anwenden will, wenn es unnütz ist, ist die Gerechtigkeit nützlich.

Sokrates verweist auch auf eine weitere Folge dieser Gerechtigkeitsauffassung. Der Sachverständige verfügt durch sein Wissen immer auch über die Kenntnis des Gegenteils. Wie der Faustkämpfer Schläge sowohl austei-

53 Odysseus, um 420/400 v. Chr.

> Die Leute aufs Glatteis zu führen, ist eine wenig humane Liebhaberei, die seit des Sokrates Tagen als typischer Zug im Charakterbilde des Philosophen bekannt ist.
> *Thomas Mann (1875–1955):*
> *Die Ehe im Übergang*

54 Achill, um 450 v. Chr.

len als auch abwehren, der Arzt Krankheiten sowohl heilen als auch verursachen kann, muß der Gerechte als Fachmann für das Aufbewahren von Geld dieses auch gut unterschlagen können. Damit erweise er sich als ein »Listiger«, der seine Kunst zum Nutzen der Freunde und zum Schaden der Feinde anwendet. Polemarchos lehnt diese Konsequenz zwar entschieden ab, hält aber trotzdem an seiner Definition fest.

In einem zweiten Schritt wendet sich Sokrates der Bestimmung von Freund und Feind zu. Er fragt, ob ein Freund derjenige sei, der gut zu sein scheine,

Der Gerechte als Listiger: Die Zwiespältigkeit eines instrumentalisierbaren »Tugendwissens«, die sich in der Antwort des Polemarchos zeigt, wird auch im ›Hippias II‹ problematisiert. Der Sophist Hippias hatte in einem Vortrag über Homers ›Odyssee‹ den aufrichtigen Helden Achill als den besten, den listenreichen Odysseus dagegen als den vielgewandtesten gepriesen. Achill, der, wenn er lügt, unvorsätzlich lügt, sei besser als Odysseus, der bewußt lüge und betrüge. Doch in der sokratischen Untersuchung zeigt sich, daß der vorsätzlich Fehlende offensichtlich der Bessere ist. Während Hippias dies hinsichtlich eines Läufers, der langsamer läuft als er könnte, widerspruchslos eingesteht, weigert er sich, diese notwendige Konsequenz auch hinsichtlich der Tugend zu akzeptieren. Auf die Frage des Sokrates: »Also die tüchtigere und bessere Seele, wenn sie Unrecht tut, wird sie vorsätzlich Unrecht tun, die schlechtere aber unvorsätzlich? ... Der also vorsätzlich fehlt und das Schlechte und Unrechte tut, o Hippias, wenn es einen solchen gibt, wäre kein anderer als der Gute?« verneint Hippias entschieden: »Auf keine Weise kann ich dir dieses doch einräumen, o Sokrates«, worauf Sokrates erwidert: »Auch ich nicht mir selbst, Hippias. Aber es erscheint uns doch jetzt notwendig so aus unserer Rede« (376a–376c). Das paradoxe Ergebnis ist Folge der von Hippias gesetzten Alternative: der aus Unwissenheit Unrechttuende solle besser sein als derjenige, der sein Wissen als Mittel benutzt, es zum Recht- und Unrechttun einsetzt. Doch die sokratische Untersuchung macht deutlich, daß beides nicht das Gute sein kann, weder die naive Unwissenheit, noch ein Wissen, das als Mittel zur Erreichung von Gutem und Schlechtem eingesetzt werden kann. Sondern der »beste« Mann müßte jenseits dieser Alternative zu finden sein: weder unwissend, noch das Wissen instrumentalisierend.

oder derjenige, der gut sei, ohne jedoch unbedingt so zu erscheinen. Polemarchos erwidert, daß man den gut Scheinenden für einen Freund halte. Da er aber einräumt, daß man sich hierin irren könne, insofern man unter Umständen einen in Wahrheit Bösen für einen Freund hielte, könnte sich daraus ergeben, daß es gerecht wäre, dem Feind zu nutzen und umgekehrt. Um seine Auffassung halten zu können, bestimmt Polemarchos den Freund nun als denjenigen, der nicht nur gut zu sein scheint, sondern es auch ist. Durch diese rein formale Festsetzung hat er zwar seine Antwort gerettet, doch bleibt offen, wie man denn in der Praxis zwischen Sein und Schein unterscheiden kann.

In einem dritten Schritt weist Sokrates ihm schließlich nach, daß es einem Gerechten überhaupt nicht zukommt, irgendeinem Menschen zu schaden. Denn schaden heißt, etwas in bezug auf seine spezifische Qualität schlechter zu machen. Das muß auch von einem Menschen gelten; ihm zu schaden, heißt, ihn hinsichtlich seiner menschlichen Tugend oder Tauglichkeit schlechter zu machen. Es ist jedoch logisch unmöglich, daß eine Sache ihr Gegenteil bewirken kann. So wie Wärme nicht zur Abkühlung führt und Trockenheit nicht Feuchtigkeit zur Folge hat, kann Gerechtigkeit, etwas Gutes, auch nicht schaden bzw. ungerechter machen. Damit ist Polemarchos' Definition endgültig gescheitert.

Was ergibt sich hieraus im Rückblick auf die zweite Position? Polemarchos versuchte, die Gerechtigkeitsauffassung seines Vaters zu verteidigen, indem er das Gute als das dem Freund eigentlich Wiederzugebende benennt. Doch dann erweitert er den Geltungsbereich seiner Definition um den Bereich der Feinde, die Kephalos nicht im Blick gehabt hatte. Diesen müsse man Schlechtes tun. Damit zerfällt die Gemeinschaft zum gemeinsamen Nutzen, von der Kephalos ausgegangen war: Der eigene Nutzen ist nicht mehr mit dem gemeinsamen Nutzen identisch.

Sokrates starb, weil er die heiligsten und vertrautesten Ideen seines Gemeinwesens und seines Landes der Kritik des »daimonion« oder des dialektischen Denkens, wie Platon es nannte, unterwarf. Damit kämpfte er ebenso gegen den ideologischen Konservativismus wie gegen den Relativismus, der sich als Fortschritt markierte, aber in Wirklichkeit persönlichen und Standesinteressen unterworfen war.

Max Horkheimer (1895–1973), ›Zur Kritik der instrumentellen Vernunft‹

Des weiteren wird deutlich: Der bei Kephalos bestehende Zwiespalt zwischen dem Wunsch, das Gute zu tun, und dem Wunsch, das Gute zu haben, also zwischen dem Anspruch, ein gerechtes und frommes Leben gemäß der rechten Sinnesart zu führen, und dem Bedürfnis, ein gewisses Vermögen zu erwerben, wird bei Polemarchos zugunsten des Habens entschieden.

55 Polemarchos spricht den Gegensatz, der auch schon der Haltung seines Vaters implizit zugrunde lag, offen aus: Der eigene Nutzen bedeute den Schaden des anderen. Er scheitert jedoch an der sokratischen Prüfung, denn, wie Sokrates nachweist, ist wirklicher Nutzen mit Schaden unvereinbar. Kentauren und Lapithen. Metope vom Parthenon, 447–432 v. Chr.

In seinen Antworten auf die Frage nach dem Nutzen der Gerechtigkeit stellt sich heraus, daß dieser nicht in der Anwendung irgendwelcher Dinge zum Tragen kommt, sondern dann, wenn man die Dinge niederlegen und sicher sein will, wenn es also um die bloße Möglichkeit ihrer Anwendung geht, um die Aufspeicherung von »Gütern«. Die Gerechtigkeit ist bei Polemarchos nicht mehr Ziel, sondern lediglich ein Mittel zur Wahrung des eigenen Vorteils bzw. des eigenen Nutzens.

Sokrates bringt diese Auffassung mit einem Hinweis auf die logische Struktur unseres Denkens zu Fall: Wenn die Gerechtigkeit Tugend, also etwas Gutes sein soll, kann sie nicht etwas Schlechtes, das Gegenteil ihrer selbst bewirken. Sie kann nicht schaden, schlechter machen, wenn sie nützen, besser machen soll. Doch handelt es sich hier nur um die Mißachtung elementarer logischer Regeln? Oder ist nicht vielmehr Polemarchos' eigennützige Einstellung Grund für die Mißachtung der Logik und damit auch für sein Scheitern?

Mit seiner Antwort – Gutes bzw. Schlechtes tun – hat Polemarchos die dritte Stufe der sokratischen Rückfrage nach dem Wesen der Tugend erreicht. Er hat den Maßstab des Guten zwar benannt, aber ihn nach wie vor als bekannt vorausgesetzt. Gemäß der im vorangegangenen Kapitel ermittelten Aufstiegs-Struktur müßte Sokrates Polemarchos nun dazu bringen, die vorausgesetzte Tugend selbst in den Blick zu nehmen.

Zu einer solchen folgerichtigen Fortsetzung des Gesprächs kommt es aber nicht mehr. Statt dessen greift der Sophist Thrasymachos zornig in die Auseinandersetzung ein (336b ff.). Er wirft Sokrates und Polemarchos leeres Geschwätz vor und fordert ersteren auf, nicht immer nur zu fragen, sondern einmal selbst zu sagen, was die Gerechtigkeit sei; doch solle er nicht mit dem Nützlichen, Zweckmäßigen, Zuträglichen antworten. Sokrates wendet ein, er und Polemarchos hätten die

Und sehr richtig pflegte Sokrates denjenigen zu verfluchen, der zuerst das Nutzbringende und das Recht voneinander getrennt hätte; denn dies, so klagte er, sei die Wurzel alles Bösen.

Marcus Tullius Cicero,
›Über die Gesetze‹ I, 12, 33

Frage nach der Gerechtigkeit nicht mit Absicht, sondern wohl aus eigenem Unvermögen nicht zu einem Ergebnis geführt. Für diese Antwort hat Thrasymachos nur Spott übrig. Dies sei eben die bekannte Ironie des Sokrates, der eher alles andere tue, als selbst zu antworten (337a). Doch da Thrasymachos die zentralen, zur Bestimmung der Gerechtigkeit relevanten Begriffe ausgeschlossen hat, sieht sich Sokrates außerstande, eine Antwort zu geben. Thrasymachos selbst bietet indes eine Antwort an, für die er jedoch eine angemessene Bezahlung fordert. Nachdem ihm dies zugestanden worden ist, zögert er dennoch zu beginnen. Er befürchtet, Sokrates werde es wie gewöhnlich machen – nämlich den Redenden widerlegen. Er versteht die sokratische Frage offensichtlich als bloßes Mittel zur Durchsetzung der eigenen Position, nicht aber als Weg der Wahrheitssuche.

Schließlich bestimmt er die Gerechtigkeit als das dem Stärkeren Zuträgliche (338c) und erläutert, daß er unter den Stärkeren die politisch Herrschenden verstehe, also die verschiedenen Regierungen der demokratisch, oligarchisch oder tyrannisch verfaßten Staaten, die jeweils das, was ihnen nütze, als Gesetz und damit als Gerechtes für die Regierten festsetzen. Thrasymachos zufolge soll das Gute bzw. das Zuträgliche ausschließlich den Herrschenden zugeteilt werden, Gerechtigkeit ist seiner Ansicht zufolge das Recht des Stärkeren.

Sokrates beginnt die Untersuchung dieser Bestimmung mit einer einfachen Überlegung. Können sich die Regierenden, denen zu gehorchen demnach gerecht ist, auch irren? Sie können,

> Wie es nun mit der Ironie des Sokrates beschaffen gewesen ist, das ist in dem früheren Teil dieser Untersuchung zur Genüge geklärt worden. Die gesamte gegebene Wirklichkeit hatte für ihn ihre Gültigkeit verloren, er war der gesamten Wirklichkeit der Substantialität fremd geworden. Dies ist die eine Seite der Ironie; auf der andern Seite brauchte Sokrates die Ironie, indem er das Griechentum vernichtete; sein Verhalten gegen dieses war ständig ironisch; er war unwissend und wußte nichts, sondern suchte ständig bei andern Aufklärung; indem er aber auf diese Art das Bestehende bestehen ließ, verfiel es dem Untergang. Diese Taktik führte er bis zum Äußersten durch, und das zeigte sich besonders, als er angeklagt worden war. Aber der Eifer in diesem Dienst hat ihn verzehrt, und zuletzt packte die Ironie ihn, es schwindelt ihm, alles verliert seine Wirklichkeit.
>
> *Sören Kierkegaard (1813–1855),*
> *›Über den Begriff der Ironie mit ständiger Rücksicht auf Sokrates‹*

antwortet Thrasymachos, wie es ja der politischen Wirklichkeit entspricht. Wenn sie jedoch irren, folgert Sokrates, geben sie auch Gesetze, die ihnen nicht zuträglich sind. Gerecht wäre dann zu tun, was den Regierenden, den Stärkeren, nicht zuträglich ist, womit sich die gegebene Bestimmung der Gerechtigkeit in ihr Gegenteil verkehrt. Thrasymachos ist an demselben Sachverhalt gescheitert, der auch Polemarchos zu Fall brachte: Das Wissen um den eigenen Nutzen ist nur unterstellt, nicht aber durchdacht und begründet.

Um seine Definition zu retten, behauptet Thrasymachos nun, er habe mit dem Stärkeren immer schon denjenigen gemeint, der sich nicht irrt. Der Fachmann in einer Kunst oder Wissenschaft sei dies im strengen Sinne des Wortes nur, solange er die gemäß seinem Fachwissen richtigen Entscheidungen treffe, ein Regierender also nur so lange Regierender, wie er sich in der Festsetzung des für ihn Nützlichen nicht täusche. Indem Thrasymachos die Stärkeren nicht mehr, wie zunächst behauptet, als diejenigen versteht, die faktisch die Regierungsgewalt ausüben, sondern nun als solche begreift, die die Kunst des Regierens vollkommen beherrschen, kann er seine Antwort – zumindest dem Wortlaut nach – aufrechterhalten: Gerechtigkeit ist das dem Stärkeren Zuträgliche (341a).

In seiner Entgegnung unterscheidet Sokrates zwischen demjenigen, der eine Kunst (im weiteren Sinne) ausübt, hier also die Kunst des Regierens, und der Beschaffenheit der jeweiligen Kunst selbst. Für den Ausübenden gibt es Zuträgliches, doch stellt sich die Frage, ob auch die jeweilige Kunst selbst eines für sie Zuträglichen bedarf. Muß sie ihrerseits eine weitere Kunst in Anspruch nehmen und diese wiederum eine weitere, setzt sich dieser Vorgang bis ins Unendliche fort. Wenn sie sich selbst das Bedürftige besorgte, bräuchte sie in sich eine »Überkunst«, die diese Aufgabe übernähme, diese eine weitere, und man käme

---

Kallikles: Denn wie könnte ein Mensch glücklich sein, der irgendwem diente? Sondern das ist eben das von Natur Schöne und Rechte, was ich dir nun ganz frei hinaus sage, daß, wer richtig leben will, seine Begierde muß so groß werden lassen als möglich und sie nicht einzwängen; und diesen, wie groß sie auch sind, muß er dennoch Genüge zu leisten vermögen durch Tapferkeit und Einsicht, und worauf seine Begierde jedesmal geht, sie befriedigen.

Platon, ›Gorgias‹ 491e–492a

Der Stärkere ist derjenige, der sich nicht irrt: In der Literatur zu Sokrates wird häufig von seinem »ethischen Intellektualismus« gesprochen, womit gemeint ist, daß Sokrates Tugend und Wissen gleichgesetzt habe. Bei genauerer Betrachtung des Sachverhalts bestätigt sich diese Ansicht nicht. Es sind die Gesprächspartner, die mit ihrem scheinbar selbstverständlichen Reden über die Tugenden bei sich ein Wissen, was die Tugend sei, unterstellen. Sokrates geht auf diesen Anspruch ein, indem er nach dem stillschweigend unterstellten Wissen fragt. Denn wenn es sich wirklich um ein Wissen handelt, muß man darüber auch Rechenschaft ablegen, seine Auffassung begründen können. Wenn nicht, wäre man wie Sokrates selbst zur Suche danach genötigt. Ähnlich verhält es sich mit der Einschätzung, Sokrates sei »Eudämonist« und »Utilitarist«, das heißt, er habe das Glück oder den Nutzen als höchstes Ziel des menschlichen Lebens vertreten. Sokrates hingegen stellt nur fest, daß alle Menschen nach Glück und Nutzen streben, um dann zu fragen, worin denn wirkliches Glück und wirklicher Nutzen bestehen könne.

ebenfalls in den infiniten Regreß. Dementsprechend bleibt nur die Möglichkeit, eine jeweilige Kunst als in sich vollkommen anzusehen. Wie bereits im ›Symposion‹ wird also auch hier darauf hingewiesen, daß der Wissenschaftler bzw. Künstler im eigentlichen Sinne vollständig auf seinen Erkenntnisgegenstand ausgerichtet ist und dabei eben nicht an sich selbst denkt.

Wenn Regierende aber nach Thrasymachos' neuer Festlegung nur so lange Regierende sind, als die Regierungskunst vollkommen ausgeübt wird, ergibt sich, daß er als der Stärkere niemals das für ihn selbst Zuträgliche anordnet, sondern immer nur das Zuträgliche für den Gegenstand seiner Kunst, also das für die Regierten. Während sich bei der ersten Bestimmung des Stärkeren, welche die Fehlbarkeit der Regierenden einräumte, noch ein teilweiser Nutzen derselben hatte wahren lassen, kehrt sich mit der zweiten Bestimmung die Definition um. Der Nutzen liegt nicht mehr beim Regieren-

Könige und Herrscher ferner seien, so sagte er [Sokrates], nicht die, welche das Szepter in der Hand hätten, und auch nicht die, welche von den ersten Besten gewählt worden seien oder dies durchs Los erreicht hätten oder durch Gewalt oder Betrug dahin gelangt seien, sondern nur die, welche auch zu herrschen verstünden.

Xenophon, ›Memorabilia‹ III, 9, 10f.

den, sondern nur noch bei den Regierten – denjenigen, die in den Genuß der vollkommenen Ausübung der Regierungskunst gelangen. Damit ist Thrasymachos nun allerdings vollständig widerlegt: Weder im Irrtum noch im vollkommenen Wissen führen die Regierenden das ihnen selbst Zuträgliche herbei.

Doch Thrasymachos gibt nicht auf. Zu weit entfernt scheinen ihm die Ergebnisse der Untersuchung von der politischen Realität und seiner eigenen Grundüberzeugung. Dementsprechend versucht er es nun mit einer schärferen Formulierung:

56 »Nur die Weisen können tun, was sie begehren« – dieses Fazit aus dem platonischen ›Gorgias‹ (466d und 467b) überliefert eine Beischrift dieser Miniatur aus dem 12. Jahrhundert, die Sokrates und Platon zu Füßen der personifizierten Philosophie zeigt. Umgeben wird die Philosophie von Allegorien der sieben freien Künste, die den mittelalterlichen Wissenschaftskanon repräsentieren. Hortus deliciarum der Herrad von Landsberg, 12. Jahrhundert

Sokrates sei anscheinend zu einfältig, um zu erkennen, daß etwa Hirten, wenn sie ihren Schafen das Zuträgliche besorgten und sie dick fütterten, lediglich auf den ihnen dadurch entstehenden Nutzen sähen. Genauso sei es bei den politisch Herrschenden, sie dächten an nichts anderes »bei Tag und bei Nacht, als wie sie sich selbst den meisten Vorteil schaffen können« (343b f.). Die Gerechtigkeit sei doch in Wahrheit ein »fremdes« Gut, also ein Nutzen, den man anderen zum eigenen Schaden leiste. Sie sei die Tugend der Regierten, also der Ohnmächtigen, die wegen ihrer Schwäche ohnehin nicht anders könnten, während man sich den eigenen Nutzen als Regierender weitaus besser durch Ungerechtigkeit verschaffen könne. Überall im Leben gehe es dem Gerechten schlechter als dem Ungerechten. Bei privaten Geschäften oder im Hinblick auf die Rechte und Pflichten dem Staat gegenüber falle für ihn nichts ab. Bei der Verwaltung öffentlicher Ämter vernachlässige er die eigenen Angelegenheiten und ziehe sich den Unmut seiner Verwandten und Bekannten wegen fehlender Gefälligkeiten zu. Dem Ungerechten aber, demjenigen, der im Großen übervorteile, widerfahre von all dem das Gegenteil. Nicht etwa die kleinen Gauner seien gemeint, sondern derjenige, der den ganzen Staat an sich reiße und sich untertan mache. Dieser – der Tyrann –, der außer dem Vermögen seiner Mitbürger auch diese selbst in seine Gewalt bringe, werde als der Glücklichste gepriesen und geehrt. Ungerechtigkeit werde also nicht aus Furcht, sie auszuüben, verurteilt, sondern nur aus Furcht, sie zu erleiden. Damit glaubt Thrasymachos, seine Auffassung endgültig durchgesetzt zu haben, und will die Runde verlassen.

Doch die Anwesenden nötigen ihn zu bleiben, und Sokrates spricht an dieser Stelle deutlich aus, daß er persönlich nicht glaube, daß die Ungerechtigkeit, ob versteckt oder offen, bes-

---

Nein, jetzt möchte ich selbst nicht unter den Menschen gerecht sein,
Noch mein eigener Sohn; denn wehe, wenn einer gerecht ist
Heut, wo größeres Recht dem Ungerechten zuteil wird.
Aber dem schenkt, ich hoffe, der Donnerer keine Vollendung.
Hesiod (um 700 v. Chr.), ›Werke und Tage‹, 270ff.

> Von Sokrates bis zum GI-Deserteur stellt die Teilhabe am Unwissen und
> die vorsätzliche Verbrüderung der Unwissenden eine Erfahrung von De-
> mokratie dar: die einzige, die wir kennen.
>
> *André Glucksmann (*1937), ›Die Meisterdenker‹*

ser sei als die Gerechtigkeit. Im folgenden zeigt sich, daß Thrasymachos über die Gerechtigkeit nichts Neues gesagt hat.
Denn auch die Hirten sorgen, solange sie ihre Hirtenkunst
ausüben, für nichts anderes als für das bestmögliche Gedei-
hen ihrer Schafe; wenn sie die Tiere aber verkaufen und sich
auf diese Weise selbst einen Nutzen verschaffen, so können
sie dies nur, weil sie eine weitere Kunst dazu anwenden, nämlich die, sich einen Lohn zu verdienen (346c f.). Der Lohn nun,
den die Regierenden erhalten, liegt nach Sokrates nicht in
Geld oder Ehre, sondern schlicht in der Gewißheit, nicht von
Schlechteren regiert zu werden (347c f.).

Neu war dagegen Thrasymachos' Behauptung, der Ungerechte lebe besser als der Gerechte. Diese für das gesamte
menschliche Leben entscheidende Frage wird abschließend
behandelt. Zunächst wird die durch Thrasymachos vollzoge-
ne »Umwertung der Werte« auf den Punkt gebracht: Demnach gilt die Ungerechtigkeit nicht einfach als eine unmorali-
sche Handlungsweise, die dem sie Ausübenden Nutzen bringt,
sondern als die eigentliche Weisheit und Tugend, während
dem Gerechten in seiner Dummheit alles Tugendgemäße fehlt
(348e).

Folglich ist zu prüfen, ob Ungerechtigkeit tatsächlich Weisheit und damit Tugend sein kann. Diese Prüfung führt Sokrates wieder in drei Schritten durch. Zuerst geht es um die Weisheit des Ungerechten. Insofern dieser immer »voraushaben« –
mehr haben – will, sowohl vor Wissenden als auch vor Unwissenden, gleicht er dem Unwissenden. Denn der Wissende

> Sokrates war der erste Funktionalist, denn er beschrieb die Gerechtigkeit
> als einen Zustand, in dem jeder tut, was er tun soll ... Dies ist offenkun-
> dig ein armseliger Zustand: eine Welt ohne Rebellen und Eremiten, ohne
> Wandel und ohne Freiheit. Wenn das Gerechtigkeit sein sollte, kann man
> sogar die im übrigen unbedachte Vorliebe des Thrasymachos für die Un-
> gerechtigkeit verstehen.
>
> *Ralf Dahrendorf (*1929), ›Pfade aus Utopia‹*

findet sein Maß im angestrebten Wissen, will also nicht immer voraushaben. Doch Thrasymachos muß zugeben, daß selbst eine Räuberbande einer gewissen inneren Gerechtigkeit bedarf, um sich nicht gegenseitig zu zerfleischen. Ungerechtigkeit verursacht offensichtlich Feindschaft und Mißtrauen, Gerechtigkeit dagegen Freundschaft und Vertrauen, einerlei ob in einem Staat, einer Gruppe oder beim einzelnen. Die Ungerechtigkeit erweist sich also als Gegenteil von Stärke, als Schwäche und Ohnmacht, die Gerechtigkeit dagegen als unverzichtbar – selbst um ungerecht sein zu können. Wenn nun aber der Ungerechtigkeit Weisheit und Stärke fehlen, kann sie auch keine Tugend, keine Kompetenz sein, folglich auch nicht zu einem glücklichen Leben führen. Also lebt nur die gerechte Seele gut und ist glücklich, die ungerechte dagegen befindet sich im Elend, stellt Sokrates fest und konstatiert: »Niemals also, o vortrefflicher Thrasymachos, ist die Ungerechtigkeit förderlicher als die Gerechtigkeit« (354a).

Wie verhält es sich mit dieser dritten Position? Thrasymachos hatte mit seinem Verständnis von Gerechtigkeit zur Sache nichts Neues beigetragen. Gerecht zu sein bedeutet für ihn wie für Polemarchos, anderen Menschen nach dem Maßstab des eigenen Nutzens Gutes oder Schlechtes zuzufügen. Der Unterschied zu Polemarchos liegt in der Zuspitzung des hier genannten Verhaltens; angestrebt ist jetzt, alles Gute nach Möglichkeit nur noch sich selbst zuzufügen, so daß für alle anderen lediglich das Schlechte übrigbleibt. Hierzu muß man die anderen natürlich zwingen. Und dementsprechend ist der nach Thrasymachos' Gerechtigkeitsvorstellung Lebende genötigt, stärker zu sein als alle anderen, sie zu Regierten bzw. Beherrschten zu machen und sich selbst als Regierender und Herrscher über sie zu erheben. Der Gedanke, Gerechtigkeit als Instrument zu begreifen, das das eigene Gute zu sichern vermag, wird bei Thrasymachos radika-

Die sokratische ist nicht die heilige Frage, die auf Antwort wartet und deren Resonanz erneut in der Antwort wiederauflebt, sie hat nicht wie die reine erotische oder wissenschaftliche Frage den Methodos der Antwort inne, sondern gewaltsam, ja frech, ein bloßes Mittel zur Erzwingung der Rede verstellt sie sich, ironisiert sie – denn allzu genau weiß sie schon die Antwort.

Walter Benjamin (1892–1940), ›Sokrates‹

lisiert. Da der von ihm als gerecht bezeichnete Stärkere aber allen Menschen nach Möglichkeit nur noch Schlechtes tut, ist er eigentlich der Ungerechte; so daß es zu einer Umwertung der Werte kommt, bei der sich die Ungerechtigkeit als das bessere Mittel zur Sicherung des Guten, als wahre Einsicht und Tugend erweist.

57 Thrasymachos zieht die letzte Konsequenz aus den Bestimmungsversuchen seiner Vorredner: Die Gerechtigkeit sei das dem Stärkeren Zuträgliche. Wenn man jedoch das Stärkere wie Thrasymachos als Selbstdurchsetzung versteht, führt dies – wie Sokrates zeigt – nicht zum Glück, sondern zu Schwäche und Selbstzerstörung. Kentauren und Lapithen. Metope vom Parthenon, 447–432 v. Chr.

Sokrates reagiert auch auf diese radikale Verkehrung mit einer sachlichen Prüfung. Er verurteilt nicht das Ziel, den angestrebten eigenen Nutzen, sondern untersucht, ob dieser Nutzen anhand der von Thrasymachos gemachten Voraussetzungen erreichbar ist. Er weist erstens nach, daß der Starke und Regierende in Thrasymachos' Sinn als ein Wissender gedacht werden muß, damit er sich in der Festsetzung des für ihn Guten nicht irrt, daß ein Wissender in der Ausübung seines Wissens aber niemals an sich selbst denkt, weil es in der Struktur des Wissens liegt, nur auf seinen jeweiligen Gegenstand ausgerichtet zu sein. Und er zeigt zweitens, daß der Ungerechte, den Thrasymachos eigentlich mit dem Stärkeren gemeint hatte, kein Wissender sein kann, daß er deswegen auch nicht stark ist und das von ihm angestrebte gute Leben gar nicht erreicht. Keine äußere Norm, sondern lediglich Sokrates' genaue Prüfung bringt die Auffassung des Thrasymachos zu Fall und zeigt: Wenn man Gutes und Schlechtes zum Mittel machen will, muß man es kennen – und wenn man es kennt, will man es nicht mehr zum Mittel machen.

Thrasymachos ist überwunden, die Auffassung, daß die Ungerechtigkeit besser sei als die Gerechtigkeit, ist vollständig widerlegt. Doch wie Sokrates selbst feststellt, ist die Ausgangsfrage, was die Gerechtigkeit sei, nicht beantwortet. Wiederum stehen wir also vor dem Problem der Aporie, dem Scheitern einer befriedigenden Antwort auf die sokratische Frage. Wie ist nun dieses »Nicht-mehr-Weiterwissen« zu verstehen? Um diese Frage beantworten zu können, ist der Gedankengang des Gesprächs noch einmal zu rekapitulieren: In den Antworten von Kephalos bis zu Thrasymachos wurde ein zunehmender Zwiespalt sichtbar. Kephalos ging von einem gemeinsamen Nutzen – für die Gesellschaft, die Götter und den einzelnen Menschen – aus, der durch die Gerechtigkeit

---

Es hieß allerdings die Wahrheit auf den Kopf stellen und das »Perspektivische«, die Grundbedingung allen Lebens, selber verleugnen, so vom Geiste und vom Guten zu reden, wie Plato getan hat; ja man darf, als Arzt, fragen: »woher eine solche Krankheit am schönsten Gewächse des Altertums, an Plato? hat ihn doch der böse Sokrates verdorben? wäre Sokrates doch der Verderber der Jugend gewesen? und hätte seinen Schierling verdient?«

Friedrich Nietzsche (1844–1900), ›Jenseits von Gut und Böse‹ (Vorrede)

bewirkt werden sollte. Doch indem er Besitz als unabdingbar für ein gerechtes Leben bezeichnet, wird diese Einheit brüchig. Die Gerechtigkeit hat damit ihre bis dahin unangefochtene Vorrangstellung eingebüßt, und so ist es fast zwangsläufig, daß sie sein Sohn Polemarchos als Mittel begreift, um Freunden zu nutzen und Feinden zu schaden – nach dem Maßstab des eigenen Nutzens. Thrasymachos radikalisiert diese Position: Wenn der eigene Nutzen, das Mehrhaben im weitesten Sinne, das eigentliche Ziel ist, warum sollte man dann überhaupt jemand anderem Nutzen gewähren: Dies schlösse ja zugleich eine Verringerung des eigenen Nutzens ein? Derlei sei als Zeichen von Schwäche zu bewerten, meint Thrasymachos, der Starke hingegen vereinige den ganzen Nutzen auf sich. Mit dieser äußersten Zuspitzung ist der Weg, an dessen Anfang Kephalos steht, an sein notwendiges Ende gekommen.

Gemeinsam ist allen drei Positionen, daß sie die Erkenntnis des Guten unhinterfragt voraussetzen und entsprechend dieser »Erkenntnis« ihr Gerechtigkeitsverständnis formulieren. Das Gute ist für sie, wie sich gezeigt hat, der nicht hinterfragte eigene Nutzen, die Möglichkeit zu haben, zu beherrschen, wodurch sie sich letztlich selbst als das Gute setzen. Das Selbst – als das letzte, nicht hinterfragte Gute – ist jedoch inhaltlich leer, denn der Mensch ist nicht von Natur aus vollkommen, sondern bedürftig, wie im Symposion dargelegt worden war und wie es durch die sokratische Prüfung bestätigt wird. Diese Erfahrung teilen auch die Gesprächspartner, doch anstatt die eigene Bedürftigkeit – die nicht primär an einem Mangel an Gütern, sondern im richtigen Umgang damit, also einer Erkenntnis besteht – anzunehmen, verorten sie den Grund ihrer Bedürftigkeit im Äußeren: Sie streben

Sokrates preist die Unwissenheit! Glaubt man etwa, unsere Wissenschaftler und Künstler würden ihn zu einem Wechsel seiner Ansicht bewegen, wenn er unter uns auferstände? Nein, meine Herren, dieser gerechte Mann würde weiterhin unsere eitelen Wissenschaften verachten. Er würde nicht mithelfen, jene Büchermassen zu vermehren, mit denen man uns von allen Seiten überschwemmt. Er würde, wie er es getan hat, statt aller Vorschriften seinen Schülern und unseren Enkeln nur das Vorbild und das Andenken seiner Tugend lassen.

Jean-Jacques Rousseau (1712–1778), ›Über Kunst und Wissenschaft‹

nach Gütern wie Lust, Geld, Ehre, Macht oder auch nach einem Wissen, das wie ein Besitz verstanden wird. Und je mehr ihnen das eigene Selbst als vollkommen gilt, desto größer wird die Bedürftigkeit an äußeren Gütern. In der tyrannischen Position des Thrasymachos, der sich die ganze Welt unterwerfen will, wird dies besonders deutlich.

Sokrates dagegen nimmt die Bedürftigkeit des Menschen und dessen Schwierigkeiten im Hinblick auf die Erkenntnis des Guten ernst. Damit vollzieht er einen grundlegenden Bruch mit dem üblichen Denken, und eben diese Umkehr vom immer schon Vorausgesetzten hin zu den Voraussetzungen entspricht Sokrates' Philosophieverständnis. Die sokratische Prüfung befreit vom Irrtum, über wirkliches Wissen immer schon zu verfügen. In

58 Sokrates. Römische Marmorstatuette nach einem Original des späteren 4. Jahrhunderts v. Chr.

der Auseinandersetzung mit den Antworten seiner Dialogpartner prüft Sokrates die in den jeweiligen Behauptungen enthaltenen Voraussetzungen und deckt die sich daraus erge-

Es ist ebenso sokratisch wie platonisch, daß der Dialog, auf dessen Einsichten hin Sokrates gelebt hat und sterben wird, letztere nicht in der Form gesicherter Ergebnisse hinstellt, sondern mit einer Frage verbindet. So ist die geistige Gestalt des Dialoges nicht geschlossen, sondern entläßt den Leser mit einem weitertreibenden Impuls. Diese Einsichten, mit dieser Frage verbunden und durch sie zum Antrieb weitergehenden Forschens gemacht, darf man wohl das Testament des Sokrates nennen, wie sein großer Schüler es versteht.   *Romano Guardini (1885–1968), ›Der Tod des Sokrates‹*

benden Konsequenzen und Widersprüche auf. Seine Widerlegungen zeigen, wie man nicht denken kann; gleichzeitig aber auch, wie man denken muß, um die Widersprüche zu überwinden. Dadurch nötigt Sokrates auch seine Gesprächspartner zu einer Umkehr der Denkrichtung und erzwingt ein Durchdenken des eigenen Standpunktes, wobei der unreflektiert nach außen gewandte Blick hin zur immer schon unbewußt und ungeprüft vorausgesetzten Erkenntnis des Guten gelenkt wird.

In dieser Prüfung der Meinungen verwirklicht Sokrates die Tugenden, indem er sich ganz auf die Suche einläßt. In der kompromißlosen Ausrichtung auf das Gute gewinnt das Gute Gestalt: Im Gegensatz zu seinen Gesprächspartnern, die immer in ihren Voraussetzungen und Vorurteilen befangen sind,

59 Geburtsszene, römisches Elfenbeinrelief, 2. Jahrhundert n. Chr. Im platonischen ›Theaitetos‹ vergleicht Sokrates seine Tätigkeit mit der Hebammenkunst, dem Beruf seiner Mutter Phänarete (148e–151d). Wie eine Hebamme weder empfange noch gebäre, sondern anderen Frauen bei der Geburt helfe, so verhalte es sich auch bei ihm. Allerdings handele es sich dabei um »geistige Geburten«, und seine Aufgabe umfasse zusätzlich die Prüfung des Hervorgebrachten. Mit dem Vergleich wird deutlich gemacht, daß Sokrates durch seine Fragen nicht ein eigenes Wissen vermittle, sondern den bis dahin

> Der Sinn von Sokrates' Tun lag in diesem selbst. Oder anders gesagt: denken und völlig lebendig sein ist dasselbe, und daraus folgt, daß das Denken immer wieder neu anfangen muß; es ist eine Tätigkeit, die das Leben begleitet und sich mit Begriffen wie Gerechtigkeit, Glück, Tugend beschäftigt, die uns die Sprache selbst als Ausdruck für den Sinn all dessen bietet, was im Leben geschieht und uns zustößt, dieweil wir leben.
>
> *Hannah Arendt (1906–1975),*
> *›Vom Leben des Geistes‹ (Band 1, ›Das Denken‹)*

ist Sokrates ganz bei dem Untersuchungsgegenstand. Er erweist sich in der Prüfung als besonnen, tapfer, gerecht und weise – und erfüllt so die Bedingungen, die wir diesen Tugenden notwendig zuschreiben müssen. Im sokratischen Dialog wird der unauflösliche Zusammenhang von Erkenntnis und Tugend veranschaulicht; in der Darstellung eines immer wieder stattfindenden Vollzugs von Erkenntnissuche. Keine Definition des Gefragten könnte in gleicher Weise das Gute darstellen, wie die von Platon überlieferte konsequente Suche im Dialog, in welcher die fundamental andere Haltung des Sokrates nicht nur in ihren Ergebnissen präsentiert, sondern am Beispiel seiner Person deutlich wird. Die Ergebnislosigkeit, die Aporie, trifft also nur die Gesprächspartner, die eine Antwort in der Form eines positiven Wissens erwarten. Doch der eigentliche Grund für ihr Scheitern liegt darin, daß sie von ihren Meinungen trotz Sokrates' Widerlegung ihrer Behauptungen nicht lassen wollen, daß sie die Suche verweigern.

Unsere Ausgangsfragen hinsichtlich der sokratischen Philosophie sind damit beantwortet: Die Suche nach der letzten Ursache, die am Anfang des Weges stand, führte zur rückhaltlosen Auseinandersetzung mit den Lehren der älteren und der zeitgenössischen Philosophie (Naturphilosophie, Eleatik und Sophistik) und schließlich zur Suche nach der Erkenntnis

---

unbewußten Voraussetzungen seiner Gesprächspartner »zur Geburt« verhelfen will, um diese dann auf ihre Stichhaltigkeit hin zu untersuchen. Nicht die Theorien und Meinungen sind das Entscheidende, sondern die Bereitschaft, sich prüfen zu lassen, zumal diese Prüfung, wie ausdrücklich gesagt wird, aus

Wohlmeinen, also zum Besten des Geprüften, durchgeführt wird.

des Guten, die Sokrates im Dialog verwirklicht. Auch die zunächst paradox erscheinende sokratische Weisheit als Wissen um das eigene Nichtwissen ist nun besser zu verstehen. Es hat sich gezeigt, daß es sich bei diesem Nichtwissen weder um Unkenntnis noch um Skepsis handelt. Vielmehr nimmt Sokrates die Tatsache ernst, daß das menschliche Denken immer von Voraussetzungen ausgeht und Wissen somit, solange es nicht geprüft ist, immer »Scheinwissen« bleibt. Diesen Sachverhalt hat er bei sich selbst wie bei anderen festgestellt und daraus den Schluß gezogen, den Blick umzuwenden und nach eben diesen Voraussetzungen zu fragen. Als die allem zugrundeliegende Voraussetzung hat sich die Idee des Guten gezeigt, desjenigen, nach dem alle Menschen streben, dessen Erkenntnis sie jedoch immer schon voraussetzen. Sokrates dagegen beansprucht nicht, über diese Erkenntnis zu verfügen, vertritt aber entschieden die Notwendigkeit, nach diesem letzten Grund aller Erkenntnis zu suchen. Im Dialog werden im Zuge der Auseinandersetzung mit den vorgetragenen Meinungen alle Möglichkeiten der Beziehung des Menschen zur Welt, zu anderen Menschen, zu Gott und zu sich selbst geprüft, und es zeigt sich, daß die Gesprächspartner ihre Ansichten nicht aufrechterhalten können, daß sie offensichtlich gar nicht wissen, worüber sie reden.

Doch weiß Sokrates, wovon er redet? Dadurch, daß er nicht für sich in Anspruch nimmt, Tugendwissen zu besitzen, gelingt es ihm – und nur ihm –, in äußerster Sachlichkeit die Auffassungen der anderen zu untersuchen und die inneren Widersprüche ihrer Behauptungen aufzudecken. Sokrates ist frei von der Befangenheit in Vorurteilen, und im Rückfragen nach dem Vorausgesetzten – vom Äußeren bis hin zur letzten Ursache, so müssen wir wohl annehmen – gelingt ihm die Erkenntnis des Guten. Diese Erkenntnis ist jedoch anderem

Die meisten vergangenen Zeitalter glaubten zu wissen, was gut ist, und die philosophischen Systeme, die in ihnen entstanden sind, glaubten geradezu sagen zu können, welches die Idee des wahrhaft guten Lebens ist. ... Wir haben heute diese Sicherheit verloren. Aber der Verlust kann auch ein Gewinn sein. Indem wir nicht mehr glauben, im Besitz der Wahrheit

60   Sokrates. Auf dieser Marmorherme ist ein Grundgedanke des sokratischen Philosophierens eingemeißelt: »Nicht nur jetzt, sondern schon immer bin ich so beschaffen, daß ich keiner anderen Regung folge als der Überzeugung, die sich mir beim Überlegen als beste herausstellt.« (›Kriton‹ 46b)

zu sein, können wir die Erfahrung des Sokrates erneuern, daß uns der Ausblick auf das Gute im Wissen des Nichtwissens gegeben ist, und in diesem Zurückgeworfensein auf uns selbst lernen wir es schätzen, daß wir nach dem wahrhaft Guten »fragen« können.
Ernst Tugendhat (*1930), ›Selbstbewußtsein und Selbstbestimmung‹

Ein großer Geist muß doch allmälig seinen Beruf und seine Stellung zur Menschheit erkennen, folglich zu dem Bewußtseyn gelangen, daß er nicht zur Heerde, sondern zu den Hirten, ich meine zu den Erziehern des Menschengeschlechtes gehört: hieraus aber wird ihm die Verpflichtung klar werden, seine unmittelbare und gesicherte Einwirkung nicht auf die Wenigen, welche der Zufall in seine Nähe bringt, zu beschränken; sondern sie auf die Menschheit auszudehnen, damit sie, in dieser, die Ausnahmen vor ihr, die Vorzüglichen, also Seltenen, erreichen könne. Das Organ aber, womit man zur Menschheit redet, ist allein die Schrift: mündlich redet man bloß zu einer Anzahl Individuen …

Arthur Schopenhauer (1788–1860),
›Parerga und Paralipomena Ig‹ (3. Sokrates)

Wissen, das immer von Voraussetzungen abgeleitet ist, nicht vergleichbar. Der Verzicht auf Voraussetzungen – das Nichtwissen – und die Suche nach der Erkenntnis des Guten in der Prüfung eines vermeintlichen Wissens gehören untrennbar zueinander und machen die sokratische Weisheit aus. Diese Haltung ermöglicht nicht nur die rationale Überwindung des Tyrannen, indem Sokrates nachweist, daß dieser sein Ziel notwendig verfehlt, sondern auch ein Leben in größtmöglicher Freiheit und Unabhängigkeit von äußeren Umständen bis hin zur Gelassenheit angesichts des eigenen Todes, wie es von Sokrates überliefert wird. Sokrates ist unabhängig von der Meinung der anderen, frei vom Streben nach Macht, Besitz und sinnlicher Lust. Diese Haltung erklärt auch, weshalb er keine Texte hinterließ. Seine Philosophie vollzieht sich im Dialog, in der immer wieder praktizierten Auseinandersetzung mit dem vorausgesetzten Wissen.

Der Tod

Der Kreis schließt sich. Sokrates wird angeklagt, die Jugend zu verderben und die Götter des Staates zu leugnen. Die Anklagepunkte zeigen unmißverständlich, daß die Athener Sokrates' Fragen und Prüfen offenkundig nicht begriffen haben. Ohne zu verstehen, daß er seine Philosophie ebenso um ihret- wie um seinetwillen betreibt, beschließen sie, ihn hinzurichten. Die Vollstreckung des Urteils verzögert sich allerdings um 30 Tage, da während der jährlich zu Ehren des mythischen Helden Theseus stattfindenden Entsendung einer athenischen Festgesandtschaft nach Delos keine Todesurteile vollstreckt werden dürfen, um die »Stadt rein zu halten« (›Phaidon‹ 58b). Diese Zeit muß Sokrates im Gefängnis verbringen.

Am Morgen des Tages, an dem das Schiff aus Delos zurückkehren soll, kommt ein älterer Freund, der vermögende Kriton, zu ihm, um ihn noch einmal zur Flucht zu überreden. Wortreich versucht er, Sokrates von deren Vorteilen zu überzeugen. Er, Kriton, verlöre im Falle einer Hinrichtung nicht nur seinen besten Freund, sondern auch seinen guten Ruf, da man annehmen werde, er habe dem Philosophen aufgrund finanzieller Erwägungen nicht helfen wollen. Als Sokrates die »Meinung der Leute« als unzureichendes Argument ablehnt, weist Kriton darauf hin, daß doch gerade das Todesurteil zeige, was diese Meinung zu bewirken vermöge, schließlich wolle man ihm das größte Übel zufügen. Sokrates weist diese Auffassung wie schon in der ›Apologie‹ zurück; er sehe im Tod nicht das größte Übel. Doch Kriton bleibt bei seiner Überzeu-

Theseus tötete der Sage nach mit Hilfe der Ariadne im Labyrinth zu Knossos auf Kreta den Minotauros, ein Ungeheuer mit menschlichem Leib und Stierkopf. Theseus galt als athenischer Nationalheros, dem man den staatlichen Zusammenschluß Attikas zuschrieb.

> Wo einer wider Willen ist, dort ist für ihn Gefängnis. Insofern war Sokrates nicht im Gefängnis; denn er war gerne da.
> *Epiktet (um 50–138),*
> ›Unterredungen‹ I, 12, 23

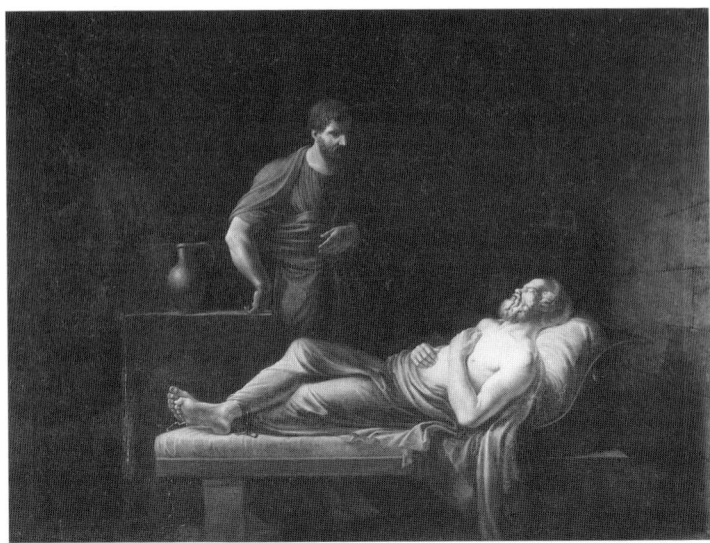

61 Das Gemälde von Eberhard Wächter (1762–1852) illustriert den Anfang des platonischen ›Kriton‹ (43a–b). Am Morgen der Rückkehr des Schiffes aus Delos zögert Kriton, den noch schlafenden Sokrates zu wecken, um ihn nicht mit der Nachricht von der bevorstehenden Hinrichtung zu erschrecken.

gung, daß eine Flucht besser sei, und bringt eine Reihe von Argumenten vor. Sokrates brauche sich im Falle einer Flucht keine Sorgen um seine Freunde zu machen, es bestehe keine Gefahr für sie, auch der Geldverlust sei gering. Es gebe zudem sichere Zufluchtsorte, beispielsweise in Thessalien. Zudem werde seinen Söhnen untreu, wer freiwillig in den Tod gehe. Ja, mit dem Akzeptieren des Todesurteils scheine Sokrates nur den bequemsten Weg zu wählen.

Auf das beschwörende Drängen des Freundes reagiert Sokrates, wie er es sein ganzes Leben lang getan hat; selbst in

Daß ich bei den Heiden nie etwas gelesen habe, das für einen rechten Christenmenschen besser paßte, als was Sokrates zu Kriton sagte, kurz bevor er den Schierlingsbecher trinken sollte: Ob Gott unsere Werke billigen wird, weiß ich nicht. Wir haben uns jedenfalls ernsthaft bemüht, ihm zu gefallen. Gleichwohl habe ich gute Hoffnung, daß er unsere Bemühungen gut aufnehmen wird. Dieser Mann mißtraut seinen Werken so, daß er dennoch wegen des zum Gehorsam vor dem göttlichen Willen neigen-

dieser existentiellen Situation prüft er das Gesagte. Nur die guten Meinungen, die der Vernünftigen, seien zu schätzen, wie Kriton zugeben muß. Und ebenso wie man bei den Leibesübungen nicht auf die Meinung von jedermann, sondern auf die der Sachverständigen, der Ärzte und Turnmeister, höre, dürfe man auch hinsichtlich des Gerechten, Schönen und Guten nichts auf die Meinung der Menge geben. Der Verweis auf den drohenden Tod erweist sich als nicht stichhaltig, denn das Höchste sei nicht das Leben, sondern gut, also gerecht und sittlich zu leben. Vor diesem Hintergrund sind die Argumente Kritons nichtig, entscheidend ist allein die Frage, gerecht zu handeln. Das gilt auch für den Fall, in dem einem selbst Unrecht geschieht: Auch hier ist eigenes Unrechttun nicht gerechtfertigt, obwohl die meisten hier widersprechen würden.

An dieser Stelle zeigt sich nochmals der grundsätzliche Unterschied zwischen dem Philosophen und dem gewöhnlichen Denken des Alltags. Dieser hält die Gerechtigkeit letztlich für eine Fiktion, für ein Mittel, auf das man in extremen Situationen auch verzichten kann. Sokrates dagegen nimmt das allgemeine und das eigene Denken ernst, für ihn gibt es keine andere als die geistige Wirklichkeit, die auch die übrigen Menschen immer mit Notwendigkeit voraussetzen. Doch sie meinen, mit dieser geistigen Wirklichkeit nach Belieben verfahren zu können, ohne zu sehen, daß Widersprüche im Denken auch ein widersprüchliches Leben zur Folge haben. Sie leben, als wüßten sie immer schon, was gut ist. Das Wissen um das Gute – um den wirklichen eigenen Nutzen – ist jedoch nicht ungeprüft vorauszusetzen, wie der sokratische Dialog zeigt. Sokrates ist der einzige, der das den Menschen Konstituierende – das Denken – wirklich ernst nimmt und durch die Suche nach dem Guten das gute Leben realisiert.

den Willens des Herzens Hoffnung schöpft, Gott werde in seiner Güte gut aufnehmen, daß er sich bemüht hatte, anständig zu leben. – Wahrhaft eine bewundernswerte Gesinnung bei einem, der Christus und die Heilige Schrift nicht kannte. Wenn ich daher derartiges von solchen Männern lese, kann ich mich kaum enthalten zu sagen: Heiliger Sokrates, bitte für uns!

Erasmus von Rotterdam (1466–1536): ›Convivium religiosum‹

Die nun folgende Rede der personifizierten Gesetze Athens, die Sokrates zu seiner weiteren Rechtfertigung vorträgt, beschreibt noch einmal anschaulich sein Verhältnis zu seiner Heimatstadt, dem athenischen Staat. Durch eine Flucht, so heißt es, würde er das Recht brechen und dadurch den Staat grundsätzlich in Frage stellen. Der Staat, also die menschliche Gemeinschaft, ist im Gesetz als allgemeine Form der Verbindlichkeit des Zusammenlebens begründet. Und eben diese Verbindlichkeit war und ist in besonderer Weise das Anliegen des Sokrates. Unter dem Schutz der athenischen Gesetze sei er geboren, aufgezogen und unterrichtet worden, und er habe dies gerne angenommen; die Gesetze hätten ihm jederzeit freigestellt, die Stadt zu verlassen, aber er sei geblieben. Er habe ihnen somit seine Zustimmung gegeben und müsse nun, wie ein Kind gegenüber den Eltern, entweder gehorchen oder den Staat vom Besseren und eigentlich Rechtmäßigen überzeugen. Gerade ihm selbst scheine die Stadt mit ihren Gesetzen sogar besonders gut gefallen zu haben, schließlich habe er sie außer zu den Feldzügen und einer Reise zu den Isthmischen Festspielen nie verlassen, hier vielmehr seine Kinder gezeugt und auch vor Gericht keine Verbannung beantragt. Nun aber, nachdem er 70 Jahre lang hätte fortgehen können, wolle er sich entziehen? Schließlich stellen die Gesetze auch die Frage nach den Konsequenzen einer möglichen Flucht: »Willst du [Sokrates] also die wohleingerichtetsten Staaten und die ehrenwertesten Menschen meiden? Und wenn du dieses tust, wird es dir etwa noch lohnen zu leben? Oder willst du dich zu ihnen halten und unverschämt genug sein, was doch für Reden vorzubringen, o Sokrates? Oder dieselben wie hier, daß über Tugend und Gerechtigkeit nichts gehe für den Menschen und über Ordnungen und Gesetze? Und glaubst du nicht, des Sokrates Sache werde dann ganz unanständig erscheinen?« (Kriton 53c–d).

Als seine Frau sagte: »Du stirbst ungerechterweise«, erwiderte er [Sokrates]: »Wünschtest du etwa, daß ich gerechterweise stürbe?«
Diogenes Laertius II, 35

Die hier vorgetragene Überlegung zeigt deutlich, daß der Grund, warum Sokrates nicht flieht, weder die Angst vor der Gebrechlichkeit des Alters ist, wie es bei Xenophon anklingt, noch die Möglichkeit zu einem heroischen Freitod, wie manche moderne Autoren vermuten. Daß er das Urteil auf sich nimmt, ist die notwendige Folge seiner oftmals vorgetragenen Überzeugung, daß es besser sei, Unrecht zu erleiden, als Unrecht zu tun.

Von Sokrates' Todestag berichtet der junge Phaidon im gleichnamigen platonischen Dialog. Wie schon an den vorangegangenen Tagen versammeln sich die Freunde am frühen Morgen, um Sokrates zu besuchen. Phaidon nennt unter anderen Apollodoros, Kriton und dessen Sohn Kritobulos, Aischines und die beiden jungen Pythagoreer Simmias und Kebes aus Theben. Auch die späteren Gründer der sogenannten sokratischen Schulen sind zum Teil anwesend, nämlich Antisthenes und Eukleides aus Megara, während Platon selbst und Aristippos fehlen. An diesem Tag ist auch das Kollegium der sogenannten »Elfmänner«, das für die Aufsicht über die zum Tode Verurteilten zuständig ist, zugegen, um die Urteilsvollstreckung anzukündigen. Als die Freunde eintreten, finden sie die laut wehklagende Xanthippe bei ihrem Gatten und sehen, wie sie nach Hause geführt wird.

Das eigentliche Gespräch beginnt mit einer Bemerkung des gerade von seinen Fesseln befreiten Sokrates, dem das Blut wieder in die Glieder strömt, über den Zusammenhang von Lust und Schmerz als geeignetes Thema für eine Fabel des Äsop. Dies veranlaßt Kebes im Namen des dichtenden Sophisten Euenos nach den Gedichten zu fragen, die Sokrates im Gefängnis verfaßt habe. Sokrates entgegnet, daß er die Gedichte als Abschluß seines der Philosophie gewidmeten Lebens geschrieben habe, gewissermaßen, weil nichts anderes mehr zu

Seneca erzählt zur Tröstung seines Freundes Lucilius, dem Verbannung oder Tod drohte, »wie er [der jüngere Cato] in der letzten Nacht von Platon ein Buch las [den ›Phaidon‹], das Schwert neben dem Kopf gelegt. Diese beiden Hilfsmittel hatte er in der äußersten Not vorgesehen, das eine, sterben zu wollen, das andere, sterben zu können.«

Seneca († 65 n. Chr.), ›Briefe an Lucilius‹ III, 24, 6

tun war. Als abschließenden Gruß läßt er dem Euenos aus-
richten, er solle »wohlleben« und, »wenn er klug sei«, ihm
»nachkommen« (›Phaidon‹ 61b).

Die Aufforderung trifft bei den Anwesenden angesichts der
bevorstehenden Hinrichtung auf Unverständnis. Doch Sokrates bekräftigt das Gesagte. Wenn Euenos ein Philosoph sei,
werde auch er sterben wollen, allerdings ohne sich selbst Gewalt anzutun (61c). Noch einmal verschärfend formuliert er:
»Nämlich diejenigen, die sich auf rechte Art mit der Philosophie befassen, mögen wohl, ohne daß es freilich die andern
merken, nach gar nichts anderem streben als nur, zu sterben
und tot zu sein« (64a). Sind dies noch Sokrates' oder nicht
eher Platons Worte, der seine »Zweiweltenlehre« darlegt, der
materiellen Welt eine ideale Welt der geistigen Realitäten, der
Ideen, gegenüberstellt? Besteht die hier gemeinte Philosophie
also in einer Leibfeindlichkeit, in einer Flucht vor dem Leben
und der menschlichen Realität, wie
in der philosophischen Sekundärliteratur manchmal be-
hauptet wird?

Sokrates hatte schon
zu Beginn deutlich ge-
macht, daß er seine
Rede über das »Ster-
benwollen« der Phi-
losophen von dem
Pythagoreer Philolaos
übernommen habe und
daß es sich bei den nach-
folgenden Überlegungen,
die die Anwesenden offen-
bar mit ihm anstellen wollten,

62 Sogenannter Äsop auf einer
Schale, um 440 v. Chr. Äsop, ein
phrygischer Sklave, der im 6. Jahrhundert v. Chr. lebte, gilt als Begründer der Fabeldichtung, also
kurzer Erzählungen, deren Handlung eine allgemeine Wahrheit
oder Lebensregel veranschaulicht.
Die Charaktere sind gewöhnlich

Tiere, die aber durchaus menschliche Eigenschaften repräsentieren.

63 Januarius Zick (1730–1797): ›Sokrates im Kerker ‹

um »Mythen« oder Bilder handele, die der Mensch sich vom
Tod mache (61d f.). Unter diesem allgemeinen Vorbehalt muß
man seine Aussagen im ›Phaidon‹ sehen. Im folgenden legt
Sokrates dar, daß die unphilosophische Aussicht des Alltags
gar nicht wisse, was für einen Tod sich der Philosoph wün-
sche (64b). Der Tod selbst sei nichts anderes als die Trennung
der Seele vom Leib. Eine derartige Trennung anzustreben, liege aber ohnehin in der Natur der philosophischen Tätigkeit,
die stets darauf ausgehe, sich vom Sinnlichen zum Geistigen
hinzuwenden, das heißt von den Dingen und dem konkret
Vorfindbaren zu dem, was am Konkreten nur erscheint, der

Sokrates: »Du findest es sonderbar, wenn es Gott besser scheint, daß ich
schon jetzt mein Leben beschließe? Weißt du nicht, daß ich bis auf den heuti-
gen Tag keinem Menschen zugestehen würde, er habe besser und angeneh-
mer als ich gelebt? Denn ich glaube, am besten leben die, welche sich besonders darum bemühen, so gut wie möglich zu werden, am angenehmsten aber
die, welche fühlen, daß sie darin Fortschritte machen. Und bisher habe ich ge-
fühlt, daß mir dies vergönnt war ...«

Xenophon, ›Memorabilia‹ IV 8, 6f.

Ursache. Sokrates versteht das »Sterbenwollen« der Philosophen also nicht als eine Absage an den Leib, sondern als eine
Umschreibung derjenigen Tätigkeit, die er sein Leben lang
ausgeübt hat, als ein Bild für das Rückfragen vom Sinnlichen
zum Geistigen bzw. für die Bereitschaft zur Suche nach der
Ursache. Es komme darauf an, faßt er diese Tätigkeit noch einmal zusammen, »jegliches unmittelbar selbst zu denken« von
dem, was man untersuche; dann gelange man der Wahrheit
am nächsten (65e).

Doch seine beiden Gesprächspartner, die Philolaos-Schüler
Simmias und Kebes, sind von der Rede, deren Worte ihrer eigenen Lehre doch weitgehend entsprechen, nicht recht überzeugt. Sie bezweifeln, ob eine rein geistige Existenz, ein Fort-
leben der Seele nach dem Tode überhaupt möglich sei. In dem
nun folgenden Gespräch versucht Sokrates, diese auch von
den übrigen Anwesenden geteilten Zweifel zu zerstreuen, indem er auf mehrere Plausibilitätsüberlegungen zur Unsterblichkeit der Seele aus der vorsokratischen Philosophie zurück-
greift. Tatsächlich zielt er mit diesen Erörterungen aber nur
vordergründig auf die Bedenken gegen eine Unvergänglich-
keit des Geistigen; grundsätzlich wendet er sich mit ihnen
gegen die auch unter seinen engsten Anhängern bis zuletzt
vorherrschende Skepsis an der Existenz einer allgemein ver-
bindlichen Wahrheit, die im zwischenmenschlichen Gespräch
gesucht werden muß (89c–90d). So ergibt sich die erstaun-
liche Situation, daß ein zum Tode Verurteilter seinen ihm das
letzte Geleit gebenden Freunden Mut und Trost im Hinblick
auf ein Leben nach dem Tode zuspricht.

Nachdem das ausführliche Gespräch beendet ist, fragt Kriton Sokrates nach seinen letzten Wünschen hinsichtlich seiner
Kinder und anderer Angelegenheiten, worauf dieser – wie er
es immer getan hat – die Anwesenden auffordert, auf die rich-

Große Entwürfe mit schweren Aufopferungen auszuführen, ohne selbst
auf den Lohn »verstanden zu werden« Anspruch zu machen, ist eine Tugend, die wir wohl bewundern, aber nicht verlangen dürfen. Selbst die
größten Helden der Tugend, die jede andere Belohnung verachteten, rech-
neten doch auf diesen Lohn; und wer weiß, was Sokrates und Christus
getan haben würden, wenn sie voraus gewußt hätten, daß keiner unter
ihren Völkern den Sinn ihres Todes verstehn würde.
Heinrich von Kleist (1777–1811), ›Brief an Ulrike von Kleist‹, 12. November 1799

64   Sokrates trinkt den Schierlingsbecher. Kolorierter Kupferstich von
Matthäus Merian d. Ä. (1593–1650)

tige Weise für sich selbst zu sorgen, denn dies werde allen –
ihnen, ihm selbst und auch seinen Angehörigen – zugute kommen. Auf die Frage, wie man ihn bestatten solle, antwortet er,
der während des ganzen Tages über die Unsterblichkeit der
Seele gesprochen hat: »Wie ihr wollt, … wenn ihr mich nur
haben werdet und ich euch nicht entwischt bin« (115c). Dann
nimmt er ein Bad, um den Bestatterinnen die Mühe zu erspa-
ren, seinen Leichnam zu waschen. Er verabschiedet sich ein
letztes Mal von seiner Familie und kehrt bei Sonnenuntergang
zu seinen Freunden zurück, wo der Beauftragte der Elfmänner
ihm die Todesstunde ankündigt und sich dann weinend ab-

Was haben wir ethisch von ihm [dem platonischen Sokrates] zu halten?
Was ihn auszeichnet, ist einleuchtend. Er ist gleichgültig weltlichen Er-
folgen gegenüber und so furchtlos, daß er bis zum letzten Augenblick ruhig, höflich und humorvoll bleibt; er legt einzig und allein auf den Wert,
was er für die Wahrheit hält. Dennoch ist er von gewissen schweren Un-
zulänglichkeiten nicht frei. In der Beweisführung ist er unaufrichtig und
sophistisch … Wir glauben gern, daß er als Mensch in die Gemeinschaft
der Heiligen aufgenommen wurde; als Philosoph jedoch täte ihm ein langer Aufenthalt in einem wissenschaftlichen Fegefeuer not.
Bertrand Russell (1872–1970), ›Philosophie des Abendlandes‹

65 Antonio Canova (1757–1822), ›Sokrates verabschiedet sich von seiner Familie‹

wendet. Kritons Versuch, Sokrates zu überreden, den Zeitpunkt der Urteilsvollstreckung hinauszuzögern, wird abgelehnt. Statt dessen läßt Sokrates den Mann rufen, der ihm den Schierlingsbecher überreichen soll. Die letzten Augenblicke sollen in den Worten des platonischen ›Phaidon‹ wiedergegeben werden:

»Als nun Sokrates den Menschen sah, sprach er: Wohl Bester, denn du verstehst es ja, wie muß man es machen? – Nichts weiter, sagte er, als, wenn du getrunken hast, herumgehen, bis dir die Beine schwer werden, und dich dann niederlegen, so wird es schon wirken. Damit reichte er dem Sokrates den Becher, und dieser nahm ihn und ganz getrost, o Echekrates, ohne im mindesten zu zittern oder Farbe oder Gesichtszüge zu verändern, sondern, wie er pflegte, ganz gerade den Menschen ansehend, fragte er ihn: Was meinst du von dem Trank wegen einer Spendung [eines Trankopfers]? Darf man eine machen

Mit einem Worte, Sokrates hat den Giftbecher dem Zwange, seine Zunge zu zügeln, vorgezogen; aber ich weiß nicht, ob es ein Vergnügen ist, den Märtyrer für den Irrtum anderer zu spielen. Das Greifbarste, was es auf dieser Welt für uns gibt, ist doch das Leben. Ich meine, jeder vernünftige Mensch müsse danach trachten, es sich zu erhalten.

Friedrich II. (1712–1786), Brief an Voltaire vom 6. Juli 1737

oder nicht? – Wir bereiten nur soviel, o Sokrates, antwortete er, als wir glauben, daß hinreichend sein wird. – Ich verstehe, sagte Sokrates. Beten darf man aber doch zu den Göttern und muß es, daß die Wanderung von hier dorthin glücklich sein möge, worum denn auch ich hiermit bete, und so möge es geschehen. Und wie er dies gesagt hatte, setzte er an, und ganz frisch und unverdrossen trank er aus.

Und von uns waren die meisten bis dahin ziemlich imstande gewesen, sich zu halten, daß sie nicht weinten; als wir aber sahen, daß er trank und getrunken hatte, nicht mehr. Sondern auch mir selbst flossen Tränen mit Gewalt und unaufhörlich, so daß ich mich verhüllen mußte und mich ausweinen, nicht über ihn jedoch, sondern über mein eigenes Schicksal, was für eines Freundes ich nun sollte beraubt werden. Kriton war noch eher als ich, weil er die Tränen nicht zurückzuhalten vermochte, aufgestanden. Apollodoros aber hatte schon vorher nicht aufgehört zu weinen, und nun brach er völlig aus, weinend und unwillig sich gebärdend, und es war keiner, den er nicht durch sein Weinen erschüttert hätte, von allen Anwesenden, als nur Sokrates selbst, der aber sagte: Was macht ihr doch, ihr wunderbaren Leute! Ich habe vorzüglich deswegen die Weiber weggeschickt, daß sie dergleichen nicht begehen möchten; denn ich habe immer gehört, daß man in andächtiger Stille sterben müsse. Also

66 Echter Schierling, *Conium maculatum*, stinkt wie Katzenharn und schmeckt bitter. Das Gift bewirkt unter anderem von den Beinen her aufsteigende Lähmungen, Sinnestäuschungen und Schwindel; größere Mengen sind tödlich, und der Tod tritt unter leichten Krämpfen durch eine Lähmung der Atemnerven ein.

> Wer ermahnt uns überdies durch Schriften und Taten mehr zur Weltver-
> achtung als die Philosophen? Sie beschreiben die Grundsätze wahrer Un-
> sterblichkeit und befolgen sie, indem sie sie niederschreiben. Sorgfältig
> unterscheiden sie zwischen Lastern und Tugenden und harren heroisch
> in der Zurechtweisung verkehrter Menschen bis zum Tod aus – wie So-
> krates, der für die Wahrheit getötet wurde von denjenigen, deren Laster
> er beständig aufs Korn nahm.
>
> *Petrus Abaelard (1079–1142), ›Theologia Summi boni‹ I, 6*

verhaltet euch ruhig und seid stark. Als wir das hörten,
schämten wir uns und hielten inne mit Weinen.

Er aber ging umher, und als er merkte, daß ihm die Beine
schwer wurden, legte er sich gerade hin auf den Rücken, denn
so hatte es ihm der Mensch geheißen. Darauf berührte ihn
eben dieser, der ihm das Gift gegeben hatte, von Zeit zu Zeit
und untersuchte seine Füße und Beine. Dann drückte er ihm
den Fuß stark und fragte, ob er es fühle; er sagte nein. Und darauf die Knie, und so ging er immer höher hinauf und zeigte
uns, wie er erkaltete und erstarrte. Darauf berührte er ihn
noch einmal und sagte, wenn ihm das bis ans Herz käme, dann

67   Das wohl bekannteste Bild vom Tod des Sokrates ist dieses Gemälde von
Jacques-Louis David (1748–1825). Sokrates, der trotz seines fortgeschrittenen
Alters in voller Lebenskraft dargestellt wird, zeigt nach oben – ein Verweis auf
das vorangegangene Gespräch über die Unsterblichkeit der Seele –, während
er gleichzeitig beiläufig und furchtlos nach dem Giftbecher greift. In stärkstem
Kontrast zu der Gelassenheit des Philosophen erscheinen die übrigen Anwesenden in Haltungen der Ergriffenheit, Trauer und Verzweiflung.

68 Werner Büttner:
›Der geschuldete
Hahn‹, 1997. Der vom
Künstler verfaßte Begleittext zu diesem
Bild verzichtet auf
jegliches Pathos:
»… Der Schierlingsaufguß beginnt seinen
todbringenden Kreislauf. Sokrates' Füße
vereisen, und er redet
vom Hahn, den er
dem Gott der Heilkunst schuldet. Famos
verwirrend. Das sterbende Wesen, von
der Welt genesen?
Tja, Fragen sind die
vornehmste Art, Löcher in Menschen zu
machen …«

würde er hin sein. Als ihm nun schon der Unterleib fast kalt
war, da enthüllte er sich, denn er lag verhüllt und sagte, und
das waren seine letzten Worte: O Kriton, wir sind dem Asklepios einen Hahn schuldig, entrichtet ihm den und versäumt
es ja nicht. – Das soll geschehen, sagte Kriton, sieh aber zu, ob
du noch sonst etwas zu sagen hast. Als Kriton dies fragte,
antwortete er aber nichts mehr, sondern bald darauf zuckte er,
und der Mensch deckte ihn auf; da waren seine Augen gebrochen. Als Kriton das sah, schloß er ihm Mund und Augen.

Dies, o Echekrates, war das Ende unseres Freundes, des Mannes, der unserm Urteil nach von den damaligen, die wir gekannt haben, der beste war und überhaupt der vernünftigste
und gerechteste« (117a–118a).

Trink im Olymp nun Nektar, o Sokrates! Hat doch die Gottheit
Dich für weise erklärt, sie aller Weisheit Beschluß.
Deine Athener scheuten sich nicht, dir den Becher zu reichen,
Aber mit deinem Mund tranken sie selber ihn aus.

Diogenes Laertius II, 46

Die Nachfolge

Die Athener, so berichtet Diogenes Laertius (II, 43), bereuten bald nach der Hinrichtung des Sokrates ihr Urteil und errichteten zu seinen Ehren ein Bronzestandbild, das sie im Zeughaus (Pompeion) aufstellten. Sokrates' Schüler und Anhänger versuchten, Werk und Philosophie des Meisters fortzusetzen. Vier von ihnen gründeten bedeutende philosophische Schulen, die bis weit in die Spätantike hinein wirkten, deren Lehren aber stark voneinander abwichen.

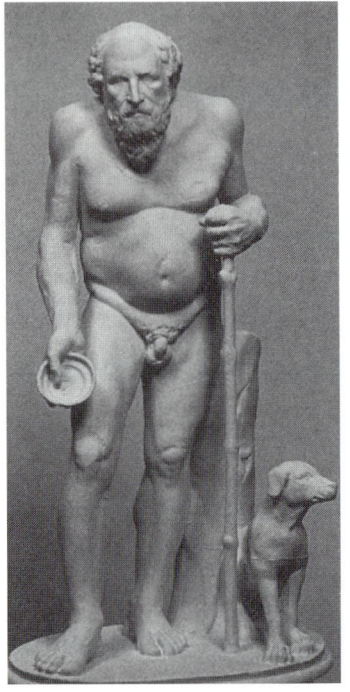

Antisthenes aus Athen (ca. 455–360), Begründer des Kynismus, vertrat das Ideal der Unabhängigkeit von allen äußeren Dingen und der Selbstgenügsamkeit, der Autarkie. Seine Ideen wurden von dem berühmtesten Kyniker, Diogenes von Sinope (um 412–323), radikalisiert und fanden am Ende Eingang in den Stoizismus, eine während der römischen Kaiserzeit unter den Intellektuellen weit verbreitete philosophische Strömung.

69 Diese Statuette des Diogenes, des »toll gewordenen Sokrates«, verweist auf die kompromißlose Lebensführung des kynischen Philosophen. Bedürfnislosigkeit und Verachtung gesellschaftlicher Konventionen werden durch die Nacktheit und die Bettelschale veranschaulicht.

Als er [Antisthenes] ein Loch in seinem Mantel recht sichtlich hervorkehrte, sagte Sokrates, der dieses gewahr ward, zu ihm: »Deine Eitelkeit blinkt mir aus deinem Mantel entgegen.«
Diogenes Laertius VI, 8

Für Aristippos aus Kyrene (ca. 435–nach 366), den Begründer der kyrenaischen oder hedonischen Schule, war die Lust das eigentliche Lebensziel. Das Erkenntnisvermögen blieb dennoch wichtig, um im jeweiligen Fall zwischen Lust und Unlust abzuwägen und so einen maximalen Lustgewinn erreichen zu können. Epikur (um 342–271) nahm diesen Gedanken auf, doch war bei ihm nicht aktuelle Lust das eigentliche Anliegen, sondern die Abwesenheit von Schmerz, da letztere zu einem Zustand der Seelenruhe (Ataraxie) führen sollte.

Bei Eukleides (etwa 450–380), dem Begründer der megarischen Schule, stand, anders als bei den beiden vorgenannten Sokratikern, nicht das lebenspraktische Interesse im Vordergrund. Ihm ging es um die Erkenntnis des Guten, das er mit dem »Einen« identifizierte. Doch da sich dieses Eine, wie schon bei Parmenides, als der menschlichen Rationalität unzugänglich erwies, führte von hier aus ein Weg in die Skepsis, deren Ziel es war, durch Urteilsenthaltung (Epoché) zu Seelenruhe und innerem Frieden zu gelangen.

Alle drei genannten Schulen setzten die sokratische Philosophie fort, indem sie gewisse Aspekte aus ihr herausgriffen und in den Vordergrund rückten. Für Antisthenes und Aristippos war in erster Linie die sokratische Praxis, das von Sokrates verwirklichte gute Leben, wichtig; dabei steht das von Antisthenes aufgestellte Ziel der Selbstgenügsamkeit für den

70 Ganz anders als Diogenes wird Epikur portraitiert. In seiner gepflegten Erscheinung, der gelassenen und in sich zurückgezogenen Haltung verkörpern sich Abstand von den Wechselfällen des Lebens und das Ideal der Seelenruhe.

richtigen Umgang des Menschen mit sich selbst, der von Aristippos geforderte erkenntnisgeleitete Gebrauch der Lust für den richtigen Umgang mit der Welt. Beide Ansätze übersahen jedoch, daß weder Selbstgenügsamkeit noch Lust bzw. Glück von Sokrates selbst als Lebensziel angestrebt wurden. Bei ihm ergaben sie sich stets nur als Folge seiner Suche nach Erkenntnis des Guten bzw. der letzten Ursache. Eukleides hatte dagegen die Zugänglichkeit des Guten über das Erkenntnisvermögen im Blick, aber durch seine im Geist des Parmenides stehende Leugnung der sinnlichen Welt und des Vielen verneinte er wiederum den Erkenntnisweg, den Sokrates zur Einsicht in das Gute beschritten hatte, nämlich das Aufstiegsdenken bzw. das Rückfragen im Dialog, das stets vom Sinnlichen und Vielen ausging und auf das in ihm gedachte Geistige abzielte.

Der ohne Zweifel bedeutendste Schüler des Sokrates schließlich war Platon (ca. 427–347). Nach der Hinrichtung seines Lehrers im Jahr 399 floh er zunächst nach Megara, kehrte jedoch nach einiger Zeit wieder nach Athen zurück, wo er 387 die Akademie gründete, gewissermaßen die erste Universität auf europäischem Boden. Man unterteilt die platonischen

Schriften in der Regel in Früh-, Mittel- und Spätdialoge. Während Sokrates im Frühwerk als ein Suchender erscheint, der Gespräche über die Tugend sowie andere grundlegende Fragen für das menschliche Leben führt, tritt er in den mittleren Dialogen in weitaus höherem Maße als Lehrender auf. Im Spätwerk nimmt Sokrates häufiger nur

71 Die Auseinandersetzungen zwischen den philosophischen Schulen verleiten zum Spott über die jeweiligen Lehren. Auf diesem Silberbecher aus dem 1. Jahrhundert v. Chr. streiten die Skelette des Stoikers Zenon und Epikurs, der von einem Schweinchen als Sinnbild der Lust begleitet wird, an einem Tisch, auf dem sich ein Kuchen befindet. Angesichts der Vergänglichkeit allen Lebens, von der die Gerippe der berühmten Philosophen zeugen, scheint die Wahrheitssuche »müßig; ermuntert wird zur Lust: »Genieße, solange du lebst, denn das Morgen ist unbekannt«, lautet eine der Inschriften des Bechers.

noch eine Nebenrolle wahr. In diesen Dialogen werden dann auch »wissenschaftlichere« Themen wie Erkenntnistheorie oder Physik behandelt. Die Tugendfrage des Frühwerks wird nicht mehr gestellt.

Die Forschung interpretiert diesen Werkaufbau im allgemeinen als einen Ablösungsprozeß Platons von seinem Lehrer. Nach der schon von Aristoteles vorgetragenen Überlegung antwortete Platon auf Sokrates' ergebnislose Suche nach der Definition ethischer Begriffe mit einer eigenen Theorie, der sogenannten Ideenlehre, erkannte im Alter jedoch die inneren Widersprüche dieser Lehre und widmete sich zunehmend einzelwissenschaftlichen Fragen (Aristoteles, ›Metaphysik‹ 987b). Diesem Verständnis zufolge stellt der Sokrates des Frühdialoges die Frage nach der Idee, die der lehrende Sokrates des Mittelwerkes im platonischen Sinn beantwortet, während das Spätwerk Platons den Verzicht auf eine philosophische Gesamtsicht widerspiegelt.

Es ist aber darauf hinzuweisen, daß Platon in der Sokrates-Biographie des ›Phaidon‹ ausdrücklich dem jungen Sokrates und nicht sich selbst die Entwicklung der Ideenlehre zuschreibt und daß er im ›Parmenides‹ alle wesentlichen Argumente zur Widerlegung dieser Lehre vorträgt. Sollte Platon wirklich an eine Theorie geglaubt haben, die er so rigoros in Frage stellen kann, wie dies im ›Parmenides‹ geschieht? Auch eine andere Deutung des Werkaufbaus ist möglich. Ihr zufolge gibt Platon in den Frühdialogen das ursprüngliche sokratische Gespräch zwar nicht empirisch, wohl aber in seiner gedanklichen Struktur wieder und versucht, diese Struktur im Mittelwerk mit dem Bild des Aufstiegs anschaulich zu machen. Tatsächlich läßt sich der Aufstiegsgedanke in allen vier Dialogen dieser Werkphase – also im ›Phaidon‹, ›Symposion‹, ›Phaidros‹ und in der ›Politeia‹ – wiederfinden. Die Dialoge der Spätzeit wür-

---

Ich glaube, daß Platon durch die neuen Ideen, insbesondere durch die Ideen des großen Individualisten Sokrates und durch sein Martyrium zutiefst ergriffen wurde. Und ich glaube, daß er gegen den Einfluß dieser Ideen auf sich selbst und auf andere mit der ganzen Kraft seiner unübertroffenen Intelligenz, wenn auch nicht immer offen, zu Felde zog. Dies erklärt es auch, warum wir inmitten seiner totalitären Ideen von Zeit zu Zeit einige humanitäre Ideen finden. *Sir Karl Raimund Popper (1902–1994), ›Die offene Gesellschaft und ihre Feinde‹ (Band 1 ›Der Zauber Platons‹)*

72 So war das Verhältnis zwischen den beiden Philosophen nicht, möchte man unter diese Miniatur aus dem 13. Jahrhundert schreiben. Sie zeigt Platon, der dem schreibenden Sokrates über die Schulter schaut. Ein Blick in die Literatur über die Abgrenzung der sokratischen und der platonischen Philosophie macht hingegen deutlich, daß das Verhältnis zwischen beiden Denkern ungleich komplizierter ist.

den dann die in den beiden ersten Werkteilen praktisch und theoretisch dargestellte sokratische Philosophie auf die übrige Philosophie und Wissenschaft anwenden und diese am Maßstab jener beurteilen – ein Geschäft, das Sokrates selbst so nicht betrieben hat, weswegen er in der Darstellung der Dialoge anderen Rednern und Gedankenführern Platz macht.

Die ersteren [ungewordenen ewigen Dinge] sind vollkommen, über jeden Vergleich erhaben und göttlich; sie sind aber der Wissenschaft weniger zugänglich … Beide Bereiche [der göttlichen und der vergänglichen Dinge] haben jedoch ihren eigenen Reiz. Die wenigen Vorstellungen, die wir uns über die Dinge am Himmel machen können, verschaffen uns aufgrund ihrer Vollkommenheit mehr Freude als alle unsere Erkenntnis über die Welt, in der wir leben; ebenso wie ein kurzer Anblick von Personen, die wir lieben, erfreulicher ist als das ausgiebige Betrachten anderer Din-

Gemäß dieser Deutung ist Platon der einzige der hier betrachteten Sokratiker, dem es durch eine strenge Ausrichtung seines Werkes auf den Vollzug des sokratischen Philosophierens gelingt, die Einheit von Lebenspraxis und theoretischer Reflexion bei seinem Lehrer zu bewahren. Platons Nachfolger in der Akademie konnten dieses hohe Niveau jedoch nicht aufrechterhalten. Die Akademie geriet wie die megarische Schule des Eukleides in die Skepsis und erlebte erst mit dem Neuplatonismus des Proklos, der bis 485 n. Chr. der Akademie vorstand, noch einmal eine letzte Blüte. Proklos war ein Nachfolger Plotins (um 204–270), nach dessen Lehre der Erkenntnisaufstieg in einer metaphysischen Schau des Einen sein Ziel findet. 529, in dem Jahr, als Benedikt von Nursia das Kloster Monte Cassino gründete und damit eine Institution für die christliche Philosophie und Wissenschaft schuf, wurde die Akademie durch den oströmischen Kaiser Justinian geschlossen.

Sokrates galt in der Antike als das Ideal des Weisen und sein Leben als Vorbild für spätere Philosophen. Im frühen Christentum verglich man seine ungerechte Verurteilung mit der Kreuzigung von Jesus von Nazareth, während in späteren Zeiten die beiden großen Antagonisten der klassischen griechischen Philosophie – Platon und Aristoteles – zunehmend ins Zentrum des Interesses rückten. Sokrates wurde zu einer Nebenfigur. Doch der »Stachel«, der zu sein er sich in der ›Apologie‹ zuspricht, bleibt durch die Jahrhunderte präsent, sticht den einen mehr, den anderen weniger. Friedrich Nietzsche (1844–1900), den er mehr gestochen zu haben scheint, schreibt: »Sokrates, um es nur zu bekennen, steht mir so nahe, dass ich fast immer einen Kampf mit ihm kämpfe« (›Wissenschaft und Weisheit im Kampfe‹, Anfang).

Sokrates, das können wir festhalten, entzieht sich wohl einer eindeutigen Klassifikation, dem Versuch, ihn nach den

ge, wie viel und wie groß sie auch immer sein mögen. Auf der anderen Seite hat unser Wissen über die Dinge hier auf der Erde den Vorteil der Gewißheit und Vollständigkeit. Überdies gleicht ihre größere Nähe und Verwandtschaft mit uns das erhabenere Interesse an den himmlischen Dingen, den Objekten der höheren Art von Philosophie, einigermaßen aus.

Aristoteles, ›Über die Teile der Tiere‹ 645a

73   Die ›Schule von Athen‹ von Raffael (1483–1520) zeigt ein bis heute weit
verbreitetes Bild der antiken Philosophiegeschichte. Im Mittelpunkt stehen
Platon und Aristoteles, die mit ihren aufwärts und abwärts weisenden Gesten
den Idealismus und den Realismus verkörpern. Die übrigen Denker und Wissenschaftler sind um sie gruppiert, unter anderem Heraklit, Diogenes, Eukleides und Pythagoras. Sokrates, der zwar nicht an den Rand gerückt ist, aber
auch nicht im Mittelpunkt steht, wird links von Platon im Gespräch mit Alkibiades dargestellt.

üblichen Vorurteilen und Denkmustern zu bewerten. Er ist
weder reiner Praktiker und Ethiker noch reiner Theoretiker
und Begründer wissenschaftlichen Denkens, weder ein ratio-
nalistischer Aufklärer noch der fromme Mann, dessen Nichtwissen in einem Glauben aufgeht, und keinesfalls ein Skepti-
ker, der die Erkenntnis des Guten für prinzipiell unmöglich
hält. Auch die Einordnung in politische Kategorien scheitert:

Sokrates zuerst erkannte die in den sophistischen Paradoxien leichtfertig
abgetanen Probleme als Schicksalsprobleme der Menschheit auf ihrem
Wege zu echter Humanität. Er reagierte gegen die Skepsis, wie bekannt,
nur als praktischer Reformator. Platon verlegte dann das Schwergewicht
dieser Reaktion in die Wissenschaft und wird zum wissenschaftstheoreti-
schen Reformator.

Edmund Husserl (1859–1938), ›Erste Philosophie‹

Er ist nicht Oligarch, nicht Demokrat, weder Individualist noch unreflektiert gesetzesgläubig. Sokrates steht jenseits all dieser Klassifikationen, da er sie selbst zum Gegenstand seines Denkens macht. In der Auseinandersetzung mit der älteren und zeitgenössischen Philosophie wird ihm die Voraussetzungshaftigkeit des Denkens und die Notwendigkeit einer Umkehr, einer Prüfung der Voraussetzungen und damit einer Suche nach wirklicher Erkenntnis bewußt. Diese Suche vollzieht er im Dialog, im Durchdenken der grundsätzlichen Möglichkeiten, und in dieser Suche kommt er zur Erkenntnis der letzten Ursache und des letzten Zieles, des Guten, jenseits des naiven Nichtwissens und des Scheinwissens seiner Gesprächspartner. Indem er das menschliche Denken als Grundlage für jegliche Lebenspraxis ernst nimmt, ist eine wirkliche Einheit von Theorie und Praxis möglich: der lebendige Vollzug von Erkenntnis – keine statische »Definition«. Nur in dieser Suche, in der Prüfung der Meinungen, ist »Vernunft«, ist das Verständnis des Wissens und seine Begründung gegeben.

Die Weisheit des Sokrates besteht in der Erkenntnis des eigenen Wissens als immer nur vorausgesetzt und der sich daraus notwendig ergebenden Suche nach Erkenntnis des Guten in der Prüfung der Meinungen. Diese Weisheit ist radikal und anstößig, weil sie die menschliche Selbstgewißheit grundsätzlich in Frage stellt. Die Athener haben Sokrates für seine Radikalität zum Tode verurteilt, und die nachfolgende Philosophie hat versucht, ihn wieder auf ein »menschliches Maß« zu reduzieren. Doch bis heute steht die sokratische Frage provozierend im Raum, und jeder, der sie zur Kenntnis nimmt, wird entscheiden müssen, wie er sich zu ihr verhalten will.

Die Menschheit kann kaum oft genug daran erinnert werden, daß einst ein Mann namens Sokrates lebte ... Geboren in einem Zeitalter und einem Land, das überreich war an persönlicher Größe, wird er uns geschildert von solchen, die ihn und das Zeitalter am besten kannten: als der tugendhafteste Mann jener Epoche. Und wir kennen ihn als das Haupt- und Urbild aller nachfolgenden Tugendlehrer, als Quelle der erhabenen Inspiration eines Plato und der klug abwägenden Nützlichkeitslehre des Aristoteles, des »Meisters derer, die da wissen«, der beiden Urquellen der Ethik und aller anderen Philosophie.

John Stuart Mill (1806–1873), ›Über die Freiheit‹

Zeittafel

Die kursiv gedruckten, von Platon überlieferten Gespräche des Sokrates sind nach Hinweisen in den platonischen Dialogen zugeordnet.

470/469	Sokrates geboren
462/461	Entmachtung des Aeropags, Kimons Ostrazismus
um 460	Anaxagoras kommt nach Athen
459 (?)	Expedition nach Zypern und Ägypten
458	Aischylos' ›Orestie‹
457	Zulassung der Zeugiten zum Archontat
454	Überführung der Seebundskasse nach Athen
451	Fünfjähriger Frieden zwischen Athen und Sparta; Perikles' Bürgerrechtsgesetz
449	Kalliasfrieden. ›Parmenides‹ (?)
447-438	Errichtung des Parthenon
446/445	30jähriger Friede zwischen Athen und Sparta
441/440	Abfall von Samos
437/436	Gründung von Amphipolis
443-429	Perikleisches Zeitalter
um 430	Alkibiades I, ›Protagoras‹
431-404	Peloponnesischer Krieg
431-429	Belagerung von Potideia unter der Beteiligung des Sokrates. ›Charmides‹
430/429	Pest in Athen, Tod des Perikles
428	Abfall Mytilenes
425	Landung bei Pylos. Einnahme Sphakterias
427	›Gorgias‹ (?)

424	Schlacht bei Delion unter der Beteiligung des Sokrates
423	Uraufführung der ›Wolken‹ des Aristophanes
422	Schlacht bei Amphipolis unter der Beteiligung des Sokrates
421	Nikias-Frieden zwischen Athen und Sparta
416	Tragödiensieg des Agathon; ›Symposion‹
415-413	Expedition der Athener nach Sizilien
413	Besetzung Dekeleias durch die Spartaner
411	Umsturz in Athen. Oligarchie der 400
410	Alkibiades' Sieg bei Kyzikos. Wiederherstellung der Demokratie
407	Alkibiades' Rückkehr nach Athen
406	Niederlage bei Notion. Sieg bei den Arginusen, Arginusenprozeß, Sokrates ist Prytane
404	Niederlage bei Aigospotamoi. Kapitulation Athens
404/403	Regierung der 30 Tyrannen, Widerstand des Sokrates
399	Prozeß und Tod des Sokrates. ›Theaitetos‹, ›Euthyphron‹, ›Sophistes‹, ›Politikos‹, ›Apologie‹, ›Kriton‹, ›Phaidon‹

Literaturhinweise

Wie bereits erwähnt, ist das Bild des Sokrates in hohem Maße abhängig von der Bewertung der Quellen. Dementsprechend werden sowohl in der Philosophiegeschichte als auch in der Sekundärliteratur ganz unterschiedliche Bilder des Philosophen gezeichnet. Einen anschaulichen Überblick über die Sokratesforschung gibt Andreas Patzer (1987, S. 1–40), den neuesten Forschungsstand referiert Klaus Döring (1998, S. 141 f.).

Als ganz spezielles Problem ercheint die Verschränkung der sokratischen und platonischen Philosophie im Werk Platons, wobei darauf hinzuweisen ist, daß auch Platon kontrovers diskutiert wird. Kann man schon Sokrates die Entwicklung der »Ideenlehre« zuschreiben oder ist diese eine spezifisch platonische Theorie? Entscheidend dürfte in dieser Frage das Verständnis der »Ideenlehre« sein. Die vorliegende Darstellung des Sokrates folgt den Arbeiten von Rudolf Schrastetter (1989) und Barbara Zehnpfennig (1997).

Zur Zitierweise:

Platon wird nach der allgemein gebräuchlichen Stephanus-Numerierung, Aristoteles nach der Bekkerschen Ausgabe zitiert. Die Stellen der Vorsokratiker finden sich in: ›Die Fragmente der Vorsokratiker‹ = DK.

1. Bibliographien:
Navia, Luis E. / Katz, Ellen L.: Socrates. An annotated bibliography, New York 1988
Patzer, Andreas: Bibliographia Socratica, Freiburg 1985

2. Quellen:
Aristophanes: Die Wolken, in: Komödien, nach der Übersetzung von Ludwig Esseger, hrsg. von H.-J. Newiger, München 1990
Aristoteles. Werke in deutscher Übersetzung, begründet von E. Grumach, hrsg. von H. Flashar, Darmstadt 1956
Diogenes Laertius: Leben und Meinungen berühmter Philosophen, Übers. von O. Apelt, Hamburg, 2. Aufl. 1967
Ferguson, John: Socrates. A Sourcebook, London 1970
Die Fragmente der Vorsokratiker, griechisch und deutsch von H. Diels, nach der von Walther Kranz herausgegebenen 8. Auflage. Mit Einführungen und Bibliographien von Gert Plamböck, Hamburg 1957 *Deutsche Übersetzung der Fragmente in Auswahl*
Marcus Tullius Cicero: Gespräche in Tusculum, lateinisch-deutsch, hrsg. von O. Gigon, München, Zürich, 5. Aufl. 1984
Nestle, Wilhelm: Die Sokratiker, in Auswahl übersetzt u. hrsg., Jena 1922

Platon. Werke in acht Bänden, hrsg. von G. Eigler, übers. von F. D. Schleiermacher, H. Müller u. a., Darmstadt, 2. Aufl. 1990 (griechisch-deutsch)

Socratis et Socraticorum Reliquiae. Collegit, disposuit, apparatibus notisque instruxit Gabriele Giannantoni, 4 Bde., Neapel 1990
Lateinisch-griechische Quellensammlung aller Sokrates betreffenden Zeugnisse, bis auf die ›Wolken‹ des Aristophanes und die Werke von Platon und Xenophon

Xenophon: Erinnerungen an Sokrates. Hrsg. von Peter Jaerisch, Darmstadt, 4., durchges. Aufl., 1987 (griechisch-deutsch)

Xenophon: Die sokratischen Schriften. Memorabilien, Symposion, Oikonomikos, Apologie. Übers. von Ernst Bux, Stuttgart 1956

3. Monographien:

Birnbaum, Walter: Sokrates. Urbild des abendländischen Denkens, Göttingen 1973

Böhme, Gernot: Der Typ Sokrates, Frankfurt a. M. 1992
Verzichtet auf die Frage nach dem historischen Sokrates zugunsten des »Typs« Sokrates, wie er bei Platon geschildert wird.

Eibl, Hans: Delphi und Sokrates. Eine Deutung für unsere Zeit, Salzburg 1949

Figal, Günter: Sokrates, München 1995

Gigon, Olof: Sokrates. Sein Bild in Dichtung und Geschichte, Bern 1947, 2., ergänzte Aufl. 1979, 3. Auflage 1994
Hält den historischen Sokrates für unerkennbar.

Guardini, Romano: Der Tod des Sokrates, Düsseldorf, 5. Aufl. 1987
Zu den platonischen Dialogen um den Tod des Sokrates: ›Eutyphron‹, ›Apologie‹, ›Kriton‹ und ›Phaidon‹.

Irmscher, Johannes: Sokrates. Versuch einer Biographie, Leipzig 1982

Joel, Karl: Der echte und der Xenophontische Sokrates, 2 Bde., Berlin 1893 und 1901

Kierkegaard, Sören: Über den Begriff der Ironie. Mit ständiger Rücksicht auf Sokrates, hrsg. und übers. von E. Hirsch, Düsseldorf, Köln 1961

Kuhn, Helmut: Sokrates. Versuch über den Ursprung der Metaphysik, Berlin 1934

Maier, Heinrich: Sokrates. Sein Werk und seine geschichtliche Stellung, Tübingen 1913
In diesem umfangreichen Werk wird Sokrates in die Nähe der Sophistik gerückt.

Martens, Ekkehard: Die Sache des Sokrates, Stuttgart 1992

Martin, Gottfried: Sokrates. In Selbstzeugnissen und Bilddokumenten, Reinbek 1967

Nebel, Gerhard: Sokrates, Stuttgart 1969

Nietzsche, Friedrich: Die Geburt der Tragödie aus dem Geist der Musik, in: Ders.: Kritische Studienausgabe Bd. 1, hrsg. von Giorgio Colli und Mazzino Montinari, München, 2. Aufl. 1988, S. 9–156

Pleger, Wolfgang H.: Sokrates. Der Beginn des philosophischen Dialogs, Reinbek 1998

Stone, Isidor F.: Der Prozeß des Sokrates. Aus d. Amerikan. von Andreas Wittenburg, Wien, Darmstadt 1990
Beschreibt Sokrates als Antidemokraten und Spartanerfreund.

Taylor, Christopher C. W.: Sokrates, Freiburg, Basel, Wien 1999

4. Philosophiegeschichten und Handbücher

Diese Werke sind in der Regel stärker wissenschaftlich ausgerichtet (Zitate auf altgriechisch).

Burnet, John: Greek Philosophy. Thales to Plato, London 1914 (ND 1968), S. 102–165

Döring, Klaus: Sokrates, die Sokratiker und die von ihnen begründeten Traditionen (mit Ausnahme Platons und der Akademie), in: H. Flashar (Hg.): Die Philosophie der Antike, Bd. 2, 1, Basel 1998 *Mit ausführlichem und aktuellem Literaturverzeichnis (S. 324-341). Dieser Band des »neuen Überweg« behandelt außer Sokrates auch die Sophisten und die Sokratiker Xenophon, Aischines, Euklid, Phaidon, Aristipp und Antisthenes.*

Gomperz, Theodor: Griechische Denker. Eine Geschichte der antiken Philosophie, 2. Bd. Sokrates und die Sokratiker. Platon, Berlin und Leipzig, 4. Aufl. 1925

Hegel, Georg Wilhelm Friedrich: Vorlesungen zur Geschichte der Philosophie I (= Werke in 20 Bänden. Auf der Grundlage der Werke von 1832–1845 neu edierte Ausgabe. Redaktion E. Moldenhauer und K. M. Michel, Bd. 8), Frankfurt/M 1971

Jaeger, Werner: Paideia. Die Formung des griechischen Menschen, Bd. II, S. 59–129 *Lobt die Hinwendung zum inneren Menschen als eigentliches Verdienst des Sokrates.*

Jaspers, Karl: Sokrates, in: Die großen Philosophen, Bd. 1, München 1957, S. 81–103

Praechter, Karl: Die Philosophie des Altertums, Berlin 1926, S. 129–150: Sokrates [F. Überweg: Grundriß der Geschichte der Philosophie, Bd. 1]

Stenzel, Julius: Sokrates aus Athen, Begründer der attischen Philosophie, in: Pauly-Wissowas Real-Encyklopädie der classischen Altertumswissenschaft. 2. Reihe 3. Bd., Stuttgart 1927, Sp. 811–980

Zeller, Eduard: Die Philosophie der Griechen in ihrer geschichtlichen Entwicklung, 2. Teil, I. Abteilung, Sokrates und die Sokratiker, Plato und die alte Akademie, Leipzig 1922 (ND 1963) *Starke Berücksichtigung der ›Memorabilien‹ des Xenophon. Zusammenfassende Behandlung der Forschungsmeinungen über das sokratische »Daimonion« (S. 74–91).*

5. Aufsatzsammlungen:

Patzer, Andreas (Hg.): Der historische Sokrates (Wege der Forschung 585), Darmstadt 1987 *Aufsätze zur Quellenfrage, unter anderem von den bedeutenden Platon-Forschern Friedrich Daniel Ernst Schleiermacher, Paul Natorp, John Burnet und Olof Gigon.*

Kessler, Herbert (Hg.): Sokrates. Gestalt und Idee, Heitersheim 1993

Kessler, Herbert (Hg.): Sokrates. Geschichte – Legende – Spiegelungen, Kusterdingen 1995

Kessler, Herbert (Hg.): Sokrates. Bruchstücke zu einem Porträt, Kusterdingen 1997

Kessler, Herbert (Hg.): Das Lächeln des Sokrates, Kusterdingen 1999

Die vier Bände der sogenannten ›Sokrates-Studien‹ bringen Aufsätze zu unterschiedlichen Themen, sowohl zu Sokrates selbst, als auch zu seinem Fortwirken in der späteren Geistesgeschichte.

6. Rezeption:

Böhm, Benno: Sokrates im 18. Jahrhundert, Neumünster, 2. Aufl. 1966

Döring, Klaus: Exemplum Socratis. Studien zur Sokratesnachwirkung in der kynisch-stoischen Popularphilosophie der frühen Kaiserzeit und im frühen Christentum, Wiesbaden 1979

Gründer, Karlfried: Sokrates im 19. Jahrhundert, in: Verbum et Signum. Beiträge zur mediävistischen Bedeutungsforschung. Studien zur Semantik und Sinntradition im Mittelalter, Hans Fromm – Wolfgang Harms – Uwe Ruberg (Hg.), 2 Bde., München 1975, Bd. 1, S. 539–554.

Sandvoss, Ernst R.: Sokrates und Nietzsche, Leiden 1966

Spiegelberg, Herbert (Hg.): The Socratic Enigma. A Collection of Testimonies Through Twenty-four Centuries, Indianapolis, New York, Kansas City 1964

7. Zu Platon:

Aus der fast unübersehbaren Literatur zu Platon sollen nur einige Werke genannt werden, die vor allem zur Einführung geeignet sind.

Friedländer, Paul: Platon, 3 Bde., Berlin, 3. durchges. Aufl., 1964–1975 (Erstausgabe 1928)

Kobusch, Theo und Mojsisch, Burkhard (Hg.): Platon. Seine Dialoge in der Sicht neuer Forschung, Darmstadt 1996

Schrastetter, Rudolf: Der Weg des Menschen bei Plato, Phil. Diss., München 1966 *Zu den Dialogen ›Laches‹, ›Symposion‹ und ›Phaidros‹.*

Schrastetter, Rudolf: Die Erkenntnis des Guten, in: Anodos. Festschrift für Helmut Kuhn, hrsg. von R. Hofmann, J. Jantzen und H. Ottmann, Weinheim 1989, S. 237–258

Wieland, Wolfgang: Platon und die Formen des Wissens, Göttingen 1982

Zehnpfennig, Barbara: Platon zur Einführung, Hamburg 1997 *Beste Einführung in das Thema Platon. Zu empfehlen als Ergänzung zu der vorliegenden Sokrates-Biographie.*

8. Zur Geschichte Athens:

Die wichtigsten Quellen zur Geschichte Athens sind Herodot und Thukydides.

Herodot: Neun Bücher der Geschichte

Thukydides: Der Peloponnesische Krieg

Einen Überblick über die Geschichte des antiken Griechenlands bieten:

Dahlheim, Werner: Die griechisch-römische Antike. Bd. 1, Herrschaft und Freiheit: Die Geschichte der griechischen Stadtstaaten, Paderborn, München, Wien, Zürich, 3. Aufl. 1997

Meier, Christian: Athen. Ein Neubeginn der Weltgeschichte, Berlin 1993

Register

Bildnachweis

dtv portrait

Herausgegeben von Martin Sulzer-Reichel
Originalausgaben

**Biographien bedeutender Frauen und Männer aus
Geschichte, Literatur, Philosophie, Kunst und Musik**